Gustav Keller

Freuds Liebesleben

Seine eigene Triebgeschichte

Königshausen & Neumann

Bibliografische Information der Deutschen Nationalbibliothek

Die Deutsche Nationalbibliothek verzeichnet diese Publikation in der Deutschen Nationalbibliografie; detaillierte bibliografische Daten sind im Internet über http://dnb.d-nb.de abrufbar.

Gedruckt auf säurefreiem, alterungsbeständigem Papier
Umschlag: skh-softics / coverart
Umschlagabbildung: Antonio Canova, Amor und Psyche, Louvre, Paris
Bindung: Zinn – Die Buchbinder GmbH, Kleinlüder

Printed in Germany
ISBN 978-3-8260-4916-3
www.koenigshausen-neumann.de
www.buchhandel.de
www.buchkatalog.de

Keller — Freuds Liebesleben

Inhaltsverzeichnis

Einleitung

> Er hat so vieles von der Sexualität verstanden, und trotzdem bleibt verborgen, wie er mit seiner eigenen Sexualität umgegangen ist.
>
> Margarete Mitscherlich

Die Sexualität gehört zu den wesentlichen menschlichen Grundbedürfnissen. Sie äußert sich durch den Austausch von Körperlichkeit, Zärtlichkeit und Liebe. Sie ist in jedem Menschenleben präsent, auch wenn der Stellenwert, den Menschen ihr beimessen, variiert.

Kaum jemand hat sich so intensiv mit der Sexualität des Menschen beschäftigt wie der Psychoanalytiker Sigmund Freud. In einer prüden, sexualfeindlichen Zeit wurde er zum kühnen Tabubrecher. Er sah die Sexualität nicht als Sünde, sondern als wesentliche Triebfeder menschlichen Handelns. Deshalb gab er ihr in seinem Werk einen breiten Raum.

Noch stärker provozierte Freud die damals herrschende Sexualmoral, als er die Existenz einer kindlichen Sexualität postulierte. Dies erschütterte religiös geprägte Menschenbilder gewaltig. Anwürfe, Anklagen und schlimme Anfeindungen waren die Folge.

Wer sich die Psychoanalyse und ihre Erkenntnisse aneignet, wird wahrscheinlich annehmen, dass Freud über seine eigene Sexualität offen zu kommunizieren pflegte. Dem war nicht so. Freud gewährte kaum Einblicke in sein Liebesleben. Zu den wenigen Abweichungen von dieser selbst auferlegten Tabu-Regel zählen die Briefe an seinen Freund Wilhelm Fließ.[1] Ansonsten verhielt er sich gegenüber Fragen nach seiner eigenen Sexualität wortkarg und abwehrend. Offensichtlich brauchte er diese Mauer. Niemand durfte sie übersteigen, vor allem nicht die Biografen. In einem Brautbrief an Martha Bernays bringt er dies unmissverständlich zum Ausdruck: *Die Biografen aber sollen sich plagen, wir wollen's ihnen nicht zu leicht machen ... ich freue mich schon, wie die sich irren werden.*[2]

Aber nicht nur Freud schottete sich und sein Liebesleben ab, sondern auch die Freud-Familie und ihr verbundene Biografen setzten diese Strategie nach seinem Tod fort. Ihr Ziel war es, ein moralisch reines Freud-Bild zu vermitteln und zu erhalten. Unter den freudkonformen Biografen ist besonders Ernest Jones zu nennen, der als Freud-Schüler alles tat, um seinen Meister in moralisch hellem Licht erscheinen zu lassen. Er bezeichnete ihn *als in sehr ungewöhnlichem Grad monogam*[3].

Ein ähnlicher Tenor klingt bei Kurt A. Eissler an, dem langjährigen Direktor des New Yorker Sigmund-Freud-Archivs, der von einer *lilienweißen Sexualakte*[4] sprach. Eissler trat auch immer in Aktion, wenn Freud-Forscher vom Idealbild abwichen oder abzuweichen drohten. Zunächst versuchte er sie dokumentarisch zu widerlegen. Bisweilen kam es aber auch vor, dass der Zugang zu den Dokumenten gesperrt wurde. Dies widerfuhr Jeffry M. Masson, der nach der Sichtung eines Großteils der Dokumente, die Ernst Jones zur Verfügung standen, dem Hof-Biografen selektives Rekonstruieren vorwarf.

Angesichts dieser hermetischen Aktivitäten ist es nicht verwunderlich, dass Freuds Liebesleben inkognito geblieben ist. Als im Jahre 2006 anlässlich seines 150. Geburtstages die Psychoanalytikerin Margarete Mitscherlich in einem Interview mit dem Magazin *ZEIT Geschichte* darum gebeten wurde, Freud posthum eine Frage zu stellen, hieß diese: *Mensch, was hast du eigentlich mit deiner Sexualität angefangen?*[5]

Für die Grande Dame der Psychoanalyse ist Freuds Intimität ein großes Rätsel.

Kann man wirklich von einem Rätsel sprechen? Nachdem ich viele Freud-Werke, Freud-Biografien und Freud-Briefe ausgewertet habe, bin ich der Meinung, dass es sich nicht um ein Rätsel, sondern um ein Puzzle handelt, das durchaus zusammengesetzt werden kann. Denn es existieren genügend viele Teilchen, aus denen sich Freuds Sexualität von der frühen Kindheit an rekonstruieren lässt. Zumindest soweit, dass man auf Margarete Mitscherlichs Frage eine differenzierte Antwort geben kann.

Freuds Triebfehre

> Ich habe gewiss viele Fehler gemacht, aber das Schwergewicht, das ich in meiner Lehre auf die Sexualität gelegt habe, war gewiss kein Fehler. Weil der Geschlechtstrieb so stark ist, deswegen kommt er mit den Konventionen und Sicherungen der Zivilisation in Widerspruch.
>
> Sigmund Freud

Nach Freud besteht die menschliche Psyche aus drei Instanzen: Es, Ich und Über-Ich. Sie stehen in einem dynamischen Verhältnis zueinander. Ihr Wechselspiel, das zu einem Großteil unbewusst verläuft, bestimmt unser Erleben und Verhalten.

Das Es ist die tiefste Schicht der Psyche. In ihm befinden sich zum einen die menschlichen Grundbedürfnisse. Zum anderen enthält es das, was verdrängt worden ist. Ökonomisch betrachtet ist das Es das seelische Energiereservoir.

Im Über-Ich befinden sich die durch die Erziehung vermittelten elterlichen und gesellschaftlichen Moralvorstellungen. Ebenso gehört zu dieser Instanz das, wie man sich selbst ideal vorstellt.

Das Ich ist die Steuerungsinstanz der Person. Sie umfasst sowohl bewusste Funktionen wie das Wahrnehmen, Denken, Erinnern und Planen als auch unbewusste Schutz-Funktionen. Eine zentrale Aufgabe des Ich ist es, zwischen den Bedürfnissen des Es und den Forderungen des Über-Ichs zu vermitteln.

Die im Es waltenden, nach Bedürfnisbefriedigung strebenden Kräfte bezeichnet Freud als Triebe. *Sie repräsentieren die körperlichen Anforderungen an das Seelenleben.*[6] Ursprünglich geht Freud von zwei Grundtrieben aus, dem Sexualtrieb und dem auf die Selbsterhaltung ausgerichteten Ichtrieb.

Anfang der zwanziger Jahre des 20. Jahrhunderts ersetzt er dieses Modell durch ein neues Konzept der basalen Triebe. Den einen nennt er Eros beziehungsweise Sexualtrieb, dessen Hauptabsicht es ist *zu vereinigen und zu binden*[7]. Den anderen bezeichnet er als Thanatos beziehungsweise Todestrieb, dessen oberstes Ziel die Zerstörung ist.

Die Energie des Eros ist die Libido, die des Thanatos die Destrudo. Meist sind die beiden Grundtriebe, so Freuds Annahme, in unterschiedlichen Proportionen miteinander vermischt. *Veränderungen im Mischungsverhältnis der Triebe haben die greifbarsten Folgen. Ein stärkerer Zusatz zur sexuellen Aggression führt vom Liebhaber zum Lustmörder. Eine starke Herabsetzung des aggressiven Faktors macht ihn scheu oder impotent.*[8]

Am Anfang der menschlichen Entwicklung ist die Libido im Ich konzentriert. Der Mensch befindet sich im Zustand des primären Narzissmus. Dann beginnt er Objekte in unterschiedlichem Maße zu besetzen, zunächst die mütterliche Brust, dann alles Mögliche.

Das heißt, narzisstische Libido wird in Objektlibido umgewandelt. Besetzt der Mensch im Verlauf der Entwicklung das eigene Ich mit zu viel Libido, wird dies psychoanalytisch als sekundärer Narzissmus bezeichnet.

Ein Trieb lässt sich durch vier Merkmale charakterisieren. Erstens besitzt er eine körperliche Quelle. Zweitens ist er auf ein Ziel ausgerichtet, nämlich die Lösung der Bedürfnisspannung. Drittens benötigt er ein Objekt als Mittel der Zielerreichung. Und viertens geht von ihm ein Drang nach Befriedigung aus.

Weil die Triebbefriedigung mit der kulturellen Moral kollidieren kann, ist immer wieder Triebabwehr vonnöten. Die Formen, die dabei zum Tragen kommen, nennt Freud *Triebschicksale*[9]. Hierzu gehören, auf den Sexualtrieb bezogen, die Verkehrung eines Triebbedürfnisses in sein Gegenteil, die Wendung zunächst nach außen gerichteter Triebimpulse gegen die eigene Person, die Verdrängung von Triebwünschen ins Unbewusste sowie die kulturelle Umwandlung. Letzteres bezeichnet er als Sublimierung.

Der Sexualtrieb ist für Freud der wichtigste Trieb. Er ist mit den erogenen Zonen des Körpers verbunden. Diese *werden sämtlich dazu verwendet, durch ihre geeignete Reizung einen bestimmten Betrag von Lust zu liefern, von dem die Steigerung der Spannung ausgeht, welche ihrerseits die nötige motorische Energie aufzubringen hat, um den Sexualakt zu Ende zu führen.*[10]

Von der frühen Kindheit bis zur Reifezeit gibt es nicht den Sexualtrieb per se, sondern Partialtriebe, die schrittweise in Erscheinung treten (oral, anal, phallisch) und schließlich unter dem *Primat der Genitalien*[11] zusammengefasst werden. Die Herstellung dieses Primats erfolgt *im Dienste der Fortpflanzung*[12].

Der Natur des Sexualtriebes ist das Streben nach lustvoller Spannungsabfuhr inhärent. Das heißt, er folgt dem Lustprinzip. Im Gegensatz dazu steht das Realitätsprinzip, das die Triebimpulse entsprechend der moralischen Normen und Forderungen modifizieren muss. Beide Prinzipien bestimmen das seelische Geschehen. Unweigerlich kommt es daher immer wieder zu Triebkonflikten. Werden diese nicht gelöst, resultieren daraus psychische Störungen.

Für Freud ist der Sexualtrieb mehr als ein biologischer Fortpflanzungstrieb. Mit der aus ihm fließenden Libido besetzt der Mensch sublimierend auch nichtsexuelle Objekte und Ziele: *Kunst, Literatur, Intellektualität und andere leidenschaftlich betriebene Aktivitäten*[13]. Dabei bleibt der Sexualtrieb der Energielieferant. *Er stellt der Kulturarbeit außerordentlich große Kraftmengen zur Verfügung, und dies zwar infolge der bei ihm besonders ausgeprägten Eigentümlichkeit, sein Ziel verschieben zu können, ohne wesentlich an Intensität abzunehmen.*[14]

Vollkommen sublimierbar ist das sexuelle Verlangen letztlich nicht. Ein gewisses Energiequantum muss in sexuelle Aktivität umgesetzt werden, weil ansonsten die seelische Gesundheit Schaden nimmt.

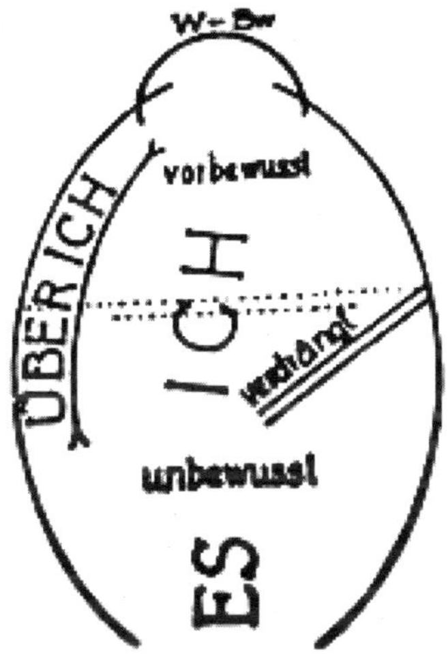

Freuds Drei-Instanzen-Modell

Freuds Triebkontext

Unsere Kultur ist ganz allgemein auf der Unterdrückung von Trieben aufgebaut.

Sigmund Freud

Freuds eigene Triebgeschichte und die Entstehung seiner Sexualtheorie sind ohne den Kontext, in dem er aufgewachsen ist, nicht verstehbar. Auch er ist zweifelsohne ein Kind seiner Zeit, und zwar des 19. Jahrhunderts. Und die ist gekennzeichnet von einer ganz speziellen Sexualmoral.

In der Anfangsphase des 19. Jahrhunderts findet zunächst als Folge der Französischen Revolution eine Liberalisierung des Ehe- und Geschlechtslebens statt. Napoleon führt die zivile Eheschließung ein und erleichtert die Ehescheidung. Er selbst gibt sich als sexualfreundlich. Seine Devise ist, dass der Mensch ein Recht auf sexuelle Freiheit hat und sich niemand in sein Privatleben einmischen darf.

Nach Napoleons Sturz wird in Europa die alte politische und sittliche Ordnung wiederhergestellt, obwohl der Chefrestaurator, Fürst Metternich, hinter den Fassaden der herrschenden Moral ein sehr unmoralisches Leben führt. Die Prüderie, die sich von nun an auszubreiten beginnt und bis zum Ende des Jahrhunderts fortdauert, wird als viktorianische Sexualmoral bezeichnet. Sie wird geprägt von Viktoria, Königin von England und Herrscherin über ein Drittel der Menschheit. Diese im Geist des Puritanismus erzogene Frau führt ein besonders sittenstrenges Leben. Ihre moralische Rigorosität wird nicht nur in Großbritannien, sondern auch im übrigen Europa zum Vorbild für den Adel und das Bürgertum. Auf die Frage, wie sie ihre Kinder empfängt, soll ihre Antwort gelautet haben: *Ich schließe die Augen und denke an England.*[15]

Das viktorianische Zeitalter ist bestimmt von der Ablehnung, Abwehr, Verdrängung und Unterdrückung der Sexualität. Der Sexualtrieb wird als gefährlich und tierisch verteufelt. Eine maßlos übertriebene Schamhaftigkeit ergreift die Menschen. Manche ihrer Anhänger nehmen den Viktorianismus so ernst, dass sie Gesellschaften zur Überwachung der Moral gründen und systematisch Sittenschnüffelei betreiben.

Die Triebfeindlichkeit erzeugt eine Doppelmoral. Das heißt, dass viele Menschen nach außen hin sich sittsam verhalten, im Verborgenen aber dennoch ihren Sexualtrieb ausleben. Viele Biedermänner lassen sich mit Dienstmädchen ein, gehen ins Bordell oder zu Amateurdirnen, den Dollymops und Midinettes.

Das illegale Triebleben hinter den Fassaden der Moral hat zur Folge, dass die Geschlechtskrankheiten rapid zunehmen. In den Großstädten erkrankt jeder Dritte zwischen dem 15. und 50. Lebensjahr an der Lustseuche.[16] Unter den Infizierten sind auch Prominente wie der Philosoph Friedrich Nietzsche, der Komponist Hugo Wolf oder der Maler Paul Gauguin.

Queen Viktoria – die Mutter
eines triebfeindlichen Zeitalters

Der Viktorianismus schlägt sich auch in der familiären Erziehung nieder. Vor allem in den höheren Sozialschichten will man das Erwachen von Lust und Liebe möglichst lange hinauszögern. Voreheliche sexuelle Aktivitäten gilt es zu verhindern. Diese Triebunterdrückung geht so weit, dass besonders prüde Eltern Antimasturbations-Apparate kaufen. Zum einen gibt es Käfige, die abends über die Genitalregion gestülpt und verschlossen werden. Zum anderen sind auch Geräte erhältlich, die bei einer Erektion ein Klingelzeichen abgeben und die Eltern herbeirufen.

Der französische Schriftsteller Guy de Maupassant wagt es, der Nachwelt sein jugendliches Onanieproblem zu beichten, und er gibt auch die Art der Problemlösung preis: *Als ich etwa sechzehn war, hatte ich ein Mädchen, und das Vergnügen, das sie mir bereitete, heilte mich von der Selbstbefleckung.*[17]

Bei den Mädchen wird strengstens darauf geachtet, dass es nicht zu Sexualkontakten kommt. Die höheren Töchter unterliegen einer perfekten Überwachung, an der sich nicht nur die Mütter, sondern auch Anstandsdamen und das gesamte Personal der Bürger- und Adelshäuser beteiligen. Gelingt es einmal einer höheren Tochter die Bewacher zu überlisten und sich mit einem Liebhaber zu treffen, übt immer noch das Gewissen Kontrolle aus. Das heißt, dass die beiden miteinander zwar sexuellen Kontakt haben, aber keinen vollendeten Koitus. Solche Mädchen werden dann Halbjungfrauen genannt.

Wie man den jungen Mädchen schon recht früh einen wirksamen moralischen Schutzmantel umlegen kann, ist in Erziehungsratgebern nachzulesen. Ein sehr populärer stammt aus der Feder des bekannten Pädagogen von Rauner und lautet: *Die Erziehung der Mädchen.* Darin empfiehlt der Fachmann den Eltern in Sachen Aufklärung:

Man berühre alle diese Dinge überhaupt nicht in Gegenwart der Kinder, am wenigsten auf eine geheimnisvolle Art, welche geeignet ist, die Neugier zu reizen. Lasse man die Kinder, so lange es immer geht, bei dem Glauben: ein Engel bringe der Mutter die kleinen Kinder; welche in manchen Gegenden übliche Sage viel besser ist, als die an anderen Orten gewöhnliche vom Klapperstorch. Kinder werden, wenn sie wirklich unter den Augen der Mutter aufwachsen, selten fürwitzige Fragen über diesen Punkt tun ... Auch nicht, wenn die Mutter durch ein Kindbett gehindert ist, sie um sich zu haben ... Fragen später die Mädchen, wie es dann eigentlich mit den kleinen Kindern zugehe, so sage man: der liebe Gott bringt der Mutter das kleine Kind, das seinen Schutzengel im Himmel hat, der gewiss dabei geschäftig war, als wir die große Freude erlebten. Wie Gott die Kinder gibt, das brauchst du nicht zu wissen und könntest es auch nicht verstehen. An ähnliche Antworten müssen sich Mädchen in hundert Fällen begnügen, und die Aufgabe der Mutter ist es, die Gedanken ihrer Töchter so unablässig mit Gutem und Schönen zu beschäftigen, dass ihnen keine Zeit bleibt zum Grübeln über solche Dinge ... Eine Mutter ... sollte nur einmal ernst sagen: es wäre gar nicht gut für dich, wenn du so etwas wüsstest, du musst vermeiden davon sprechen zu hören. Ein recht sittsam erzogenes Mädchen wird von da an seine Scheu empfinden, von Dingen der Art reden zu hören.[18]

Wilhelm Busch, der kritisch-satirische Beobachter der damaligen Gesellschaft, drückt seine Meinung von der Wirksamkeit antisexueller Pädagogik in Versform aus:

Du warst noch so ein kleines Mädchen
Von acht, neun Jahren ungefähr,
Da fragtest du mich vertraut und wichtig:
Wo kommen die kleinen Kinder her.

Als ich nach Jahren dich besuchte,
Da warst du schon über den Fall belehrt,
Du hattest die alte vertrauliche Frage
Hübsch praktisch gelöst und aufgeklärt.[19]

Die Adels- und Bürgersöhne werden nach dem 16. Lebensjahr nicht mehr so rigide überwacht. Nicht wenige von ihnen sammeln dann ihre ersten Sexualerfahrungen bei den Dienstmädchen des Hauses oder bei Prostituierten.

Im ländlichen und proletarischen Milieu findet der Viktorianismus nur wenig positive Resonanz. Hier werden die Trieb- und Liebesbedürfnisse nach wie vor von Alt und Jung auf eine direkte Art ausgedrückt. Dies äußert sich schon einmal in einer obszönen Sprache und in vielen Liedern wie diesem, das aus Bayern stammt:

Der Vater, der schickt mi ins Heu, juhe,
Die Mutter, die schickt mi in' Klee,
Da kommen die lustigen Jagersbuam, Jagersbuam,
Heb'n ma die Kittl in d'Höh.
Der erste, der hat ja koa Pulver net,
Der zweite, der hat ja koa Blei,
Der dritte, dem steht die Nudel net,
Leckt's mi am Arsch, alle drei.
Mei Vater is a Stieglitz,
Mei Mutter is a Zeisl,
Mei Vater springt eine
Pledert d'Mutter im Häusl.[20]

Was in den Redensarten und Liedern anklingt, setzt sich in Taten fort. Es wird eifrig gefensterlt und gesündigt. Die überwiegende Mehrheit der Unterschichtjugend verfügt über intensive voreheliche Erfahrungen.

Katholische Pfarrer und evangelische Pastoren versuchen durch gutes Beispiel und seelsorgerische Bemühungen der Sittenlosigkeit des gemeinen Volkes Herr zu werden. Eine dieser Bemühungen ist das Vier-Punkte-Programm des Münchner Erzbischofs Anselm von Gebsattel. Er fordert von den Frauen, die unehelich schwanger werden, die Tat zu bereuen und in der monatlichen Beichte Rechenschaft über ihr seitheriges Moralverhalten abzulegen. Im Rückfall sollen sie vom Pfarrer vor versammelter Kirchengemeinde gemahnt werden. Bei einer dritten Verfehlung ist eine offizielle Verurteilung fällig. Bei der vierten Verfehlung muss die Sünderin vom Gottesdienst und aus der Pfarrei ausgeschlossen werden.

Der Kampf gegen die Unsittlichkeit erweist sich als nicht besonders erfolgreich. Die illegitimen Geburten nehmen trotz der Kampagnen und Tugendwächterei nicht ab. Alles in allem bleibt die Land- und Arbeiterjugend weit hinter den Zielen des Viktorianismus zurück. Positiv an dieser Tatsache ist, dass sie so gut wie nicht unter sexuell bedingten Neurosen und Perversionen leiden. Die sind damals unter den Söhnen und Töchtern der höheren Schichten weit verbreitet. Die Abwehr der Triebhaftigkeit durch Prüderie hat unweigerlich hohe seelische Kosten zur Folge.

Freuds frühes Triebleben

> Das Sexualleben beginnt nicht erst mit der Pubertät, sondern setzt bald nach der Geburt mit deutlichen Äußerungen ein.
>
> Sigmund Freud

Am 6. Mai 1856 wird Freud in der Schlossergasse 117 im mährischen Freiberg, jetzt Příbor, geboren. Er hat noch die Eihaut beziehungsweise Glückshaut um. Wie jedem jüdischen Knaben wird dem neuen Erdenbürger kurze Zeit später gemäß biblischem Gebot die Vorhaut entfernt: *Das ist mein Bund zwischen mir und euch samt deinen Nachkommen, den ihr halten sollt: Alles, was männlich ist unter euch, muss beschnitten werden. Am Fleisch eurer Vorhaut müsst ihr euch beschneiden lassen ... Alle männlichen Kinder bei euch müssen, sobald sie acht Tage alt sind, beschnitten werden.*[21]

Wichtig zu wissen ist, dass sein Vorname zunächst Sigismund lautet. Erst später, am Ende seiner Gymnasialzeit, verkürzt er ihn auf Sigmund.

Zum Zeitpunkt von Freuds Geburt ist sein Vater, der jüdische Wollhändler Jakob Freud, schon 41 Jahre alt, in dritter Ehe verheiratet mit Amalie, geborene Nathanson. Die 20 Jahre jüngere Frau, die von besonderer Schönheit ist, schwelgt im Mutterglück. Da Sigmunds Kopf mit dunklem Kraushaar bedeckt ist, nennt sie ihn den *kleinen Mohren*[22]. *Dass sie der Welt einen großen Mann geschenkt habe*[23], weissagt ihr eine alte Freiberger Bäuerin.

Zwischen Mutter und Kind entsteht eine enge Gefühlsbindung, nicht nur deshalb, weil sie ihn liebt und liebkost, sondern weil sie ihn säugt. An ihrer Mutterbrust, die Freud lustvoll besetzt, entsteht seine präödipale Sexualität. Denn *das Saugen an der Mutterbrust wird der Ausgangspunkt des ganzen Sexuallebens, das unerreichte Vorbild jeder späteren Sexualbefriedigung, zu dem die Phantasie in Zeiten der Not oft genug zurückkehrt. Es schließt die Mutterbrust als erstes Objekt des Sexualtriebes ein*[24].

Freuds Mutter Amalie

Irritiert wird diese glückselige Oralliebe, als 1857 der Bruder Julius auf die Welt kommt. Mit Eifersucht reagiert Freud auf den Liebeskonkurrenten, dem es gesundheitlich nicht gut geht und der sechs Monate später schon wieder das Zeitliche segnen wird. Die überforderte Mutter engagiert deshalb eine Kinderfrau. Sie heißt Resi Wittek und findet sofort Gefallen an dem reizenden Sigismund. Sie geht mit ihm spazieren, spielt mit ihm, bringt ihm tschechische Wörter bei und nimmt ihn in katholische Gottesdienste mit. Und sie weckt in ihm sexuelle Begierden, so das Ergebnis von Freuds Rekonstruktionen in seiner Selbstanalyse: *Sie war meine Lehrerin in sexuellen Dingen und hat geschimpft, weil ich ungeschickt war, nichts gekonnt habe ... Sie hat mich in rötlichem Wasser gewaschen, in dem sie sich früher gewaschen hatte ...*[25] Möglicherweise streichelte sie seinen Penis, um ihm das Einschlafen zu erleichtern. Vielleicht auch, um sich selbst Lust zu verschaffen. Diese ersten genitalen Lusterfahrungen motivieren den kleinen Freud zu autoerotischen Spielereien, die dem Vater auffallen. Der versucht dem sexuellen Manipulieren eine Grenze zu setzen.[26] Er droht ihm das Ding abzuschneiden.

Nachdem Freuds Schwester Anna am 31.12.1858 das Licht der Welt erblickt hat, wird der Kinderfrau gekündigt, weil sie sich aus der Freud'schen Haushaltskasse bedient hat. Außerdem wird das Delikt zur Anzeige gebracht, und die liebe Resi muss zehn Monate hinter Gitter. Freud empfindet diese Trennung als schmerzlichen Verlust.

Zu Freuds frühem Triebleben gehören auch Doktorspiele Als sexuelles Wesen entwickelt er eine sexuelle Neugier. Zusammen mit seinem Neffen John

Freud, Sohn seines 23 Jahre älteren Halbbruders Emanuel, wird er sexualforschend aktiv. Ins Visier ihrer Neugier gerät Freuds Nichte Pauline, Schwester von John.

Ihr scheint der Eingriff in ihre Intimität jedoch nicht gut zu tun. In der Szene eines Traumes, den Freud Jahrzehnte später träumt, wird dies offenbar: *Sie läuft weinend die Wiese hinauf und bekommt zum Trost von der Bäuerin ein großes Stück Schwarzbrot.*[27]

Ein zentrales Resultat des Doktorspiels ist die Entdeckung von Paulines Penislosigkeit. In dem Moment, in dem er erkannt hat, dass ihr das fehlt, was er hat, erscheint die Kastrationsandrohung des Vaters in einem neuen, gefährlichen Licht.

Freuds infantile Sexualtät erfährt eine neue Anreicherung, als die Eltern sich 1860 entschließen, Sigismunds Freiberger Kindheitsparadies zu verlassen, wahrscheinlich aus wirtschaftlichen Gründen. Zunächst suchen sie in Leipzig ihr Geschäftsglück, was jedoch nicht gelingt. Jetzt ist Wien, woher die Mutter ursprünglich stammt, der Hoffnungsort.

Während der Reise dorthin geschieht es, dass Freud anlässlich einer Übernachtung seine Mutter nackt sieht. Ein lustvolles Gefühl ergreift ihn. Die *Libido gegen matrem* ist *erwacht.*[28] Der Sog der ödipalen Psychodynamik hat ihn voll erfasst. Er begehrt seine Mutter und richtet seine genitalen Wünsche auf sie.

Welche Gefühle bringt er in diesem konflikthaften Beziehungsdreieck seinem Vater entgegen? Ist es Hass oder sind es gar Todeswünsche? Keines von beiden. Aus Freuds Selbstanalyse geht hervor, dass es Eifersucht ist, mit der er auf seinen Rivalen reagiert.[29]

Im Gefolge der neu entstandenen Konfliktsituation überkommen ihn Kastrationsängste, die seine Inzestwünsche in die Schranken verweisen und eine Vaterzuwendung erzeugen.

Trotz dieser Konfliktlösung, in deren Gefolge eine Vateridentifikation entsteht, bleibt genügend viel Libido im Mutter-Sohn-Verhältnis bestehen. Das ödipale Verhältnis zur Mutter Amalie wirkt unbewusst fort. Bis zu ihrem Tod besucht sie ihr geliebter Erstgeborener jeden Sonntagvormittag. Und sie nennt ihn bis zuletzt ihren *goldenen Sigi*.

Aus Freuds späterer Sicht ist die Libido, die ihm die Mutter schenkt, der wichtigste Treibstoff seiner Lebenskarriere: *Wenn man der unbestrittene Liebling der Mutter gewesen ist, so behält man fürs Leben jenes Eroberungsgefühl, jene Zuversicht des Erfolges, welche nicht selten wirklich den Erfolg nach sich zieht.*[30]

Freuds Triebberuhigung

> Die Latenzperiode mit dem physiologisch bedingten Absinken der Triebstärke bringt dem Ich eine Ruhepause im Abwehrkampf.
>
> Anna Freud

Anfang des Jahres 1860 ist der Exodus aus Mähren zu Ende. Der kleine Sigismund kommt zusammen mit Vater Jakob, Mutter Amalie und Schwester Anna in Wien an, dem Zentrum des Vielvölkerreiches. Nach London, New York und Paris ist es die viertgrößte Stadt der Welt.

Die Freuds finden in der Leopoldstadt, dem Wiener Judenviertel, eine erste Unterkunft. Die Wohnung in der Weißgärberstraße liegt nicht weit vom großen Vergnügungspark Prater entfernt. Diese weltstädtische Umwelt wirkt auf Freud eher abschreckend. Er fremdelt und hat Heimweh nach dem idyllischen Freiberg. Im Jahre 1931, als seine Geburtsstadt an seinem Geburtshaus eine Gedenktafel anbringen lässt, kommt die einstige Sehnsucht sehr deutlich zum Ausdruck: *Tief in mir überlagert, lebt noch immer fort das glückliche Freiberger Kind, der erstgeborene Sohn einer jugendlichen Mutter, der aus dieser Luft, aus diesem Boden die ersten unauslöschlichen Eindrücke empfangen hat.*[31]

Jakob Freud ist jeder Gedanke an eine Rückkehr abhold. Die Familie muss in Wien sesshaft werden. Er tut alles, um den Lebensunterhalt der sich kontinuierlich vergrößernden Familie zu sichern. Man vermutet, dass er unter anderem auch mit Falschgeld gehandelt hat. Möglicherweise in Kooperation mit seinem Bruder Josef Freud, der 1865 wegen eines Falschgelddelikts verhaftet und einige Monate später zu zehn Jahren Kerkerhaft verurteilt wird.[32]

Freud mit Vater Jakob

Im kollektiven Lebensplan der Familie erhält Sigismund eine besondere Position. Die Eltern möchten, dass er, der sehr intelligent zu sein scheint, es im Leben einmal weit bringt. Man weckt systematisch seinen Bildungshunger. Die Entwicklungsphase, in die er jetzt eintritt, ist hierfür sehr günstig. Später nennt er sie Latenzzeit. Sie liegt zwischen dem Ende der ödipalen Phase und der Pubertät. In ihr treten die Triebbedürfnisse in den Hintergrund, verschwinden aber nicht völlig. Auch bei ihm scheint die sexuelle Forschungsmotivation im Übergang zur mittleren Kindheit noch ein wenig gelodert zu haben. Denn aufgrund der Analyse eines seiner Erwachsenen-Träume kann angenommen werden, dass er an seiner Schwester Anna eine Körpererkundung durchgeführt hat.[33]

Freud bewältigt die Entwicklungsaufgaben der Latenzzeit exzellent. Es gelingt ihm, seine Triebenergien zu sublimieren beziehungsweise kulturell intensiv nutzbar zu machen. Aus der sexuellen Neugier wird eine ausgeprägte Wissbegierde. Dass die Eltern ihm das Wissen von der Welt zu vermitteln beginnen, genügt ihm nicht. Er möchte es selbst erwerben und rasch lesen, schreiben und rechnen lernen. Die Eltern erteilen ihm Hausunterricht. Im Nu ist er in der Lage, aus Büchern zu lernen und seinen Bildungshunger zu befriedigen. Für kurze Zeit besucht er noch eine private Volksschule. Dann wird er am Leopoldstädter Real- und Obergymnasium, heute Sigmund-Freud-

Gymnasium, als Neunjähriger vorzeitig zur Aufnahmeprüfung angemeldet. Er besteht sie mit Bravour.

Im Herbst 1865 beginnt Freuds Gymnasiallaufbahn. Vom Schulstart an ist er ein erfolgreicher Schüler, der Klassenprimus wird und am Schuljahresende Preise erhält. Beispielsweise im Sommer 1867, als er mit Brehms Tierleben ausgezeichnet wird. Er bekommt den Status eines Vorzugsschülers. Auffallend an ihm sind nicht nur die sehr guten Noten, sondern auch Charaktereigenschaften wie Ehrgeiz, Mut und Selbstsicherheit. Darüber hinaus setzt er sich musisch in Szene: als Rezitator, Schauspieler und Dichter. Und sein Lesestoff gleicht dem eines hochgebildeten Erwachsenen. So liest er im Alter von 13 Jahren Henry Kingsleys *Hypatia* und die *Gesammelten Werke* Ludwig Börnes.

Was den sozialen Kontakt in seiner Schulklasse betrifft, ist in den ersten Gymnasialjahren derjenige zum Mitschüler Heinrich Braun, später ein prominenter sozialdemokratischer Politiker, am engsten. Freud verbringt *alle von der Schule freigelassenen Tagesstunden mit ihm*[34].

Die Sexualität, die Freud in seiner Kleinkindzeit so stark interessiert hat, bleibt nicht völlig latent. Dafür sorgt der Sohn des Hausmeisters, der ihm mitten im ersten Gymnasialjahr erklärt, was unter *Vögeln* zu verstehen ist.[35]

Vor dem Hintergrund dieses neu erworbenen Sexualwissens nimmt er beim Blick ins elterliche

Schlafzimmer eine Szene wahr, bei der es sich um einen Geschlechtsverkehr seiner Eltern handelt.[36]

Wahrscheinlich verdrängt er die Wahrnehmung und die mit ihr verbundenen Gefühle. Sie kehren jedoch nach über dreißig Jahren in einem seiner Träume wieder: Er *war sehr lebhaft und zeigte mir die geliebte Mutter mit eigentümlich ruhigem, schlafendem Gesichtsausdruck, die von zwei (oder drei) Personen mit Vogelschnäbeln ins Zimmer getragen und aufs Bett gelegt wird. Ich erwachte weinend und schreiend und störte den Schlaf der Eltern. Die eigentümlich drapierten überlangen Gestalten mit Vogelschnäbeln hatte ich den Illustrationen der Philippsonschen Bibel entnommen; ich glaube, es waren Götter mit Sperberköpfen von einem ägyptischen Grabrelief.*[37]

Zentraler Inhalt seiner Träume und Phantasien ist momentan nicht die Sexualität, sondern sein Machtstreben. Angeregt von seiner intensiven Geschichtslektüre identifiziert er sich mit Helden wie Hannibal und Napoleons Heerführer Masséna. Er träumt davon, später einmal ebenso berühmt zu werden.

Diese Größenphantasien helfen ihm, die Minderwertigkeitsgefühle, die aus der ökonomischen Beschränktheit seiner kleinbürgerlichen Familie resultieren, besser zu verarbeiten. Darüber hinaus werden sie auch angeheizt durch eine Kränkung, die einst seinem Vater widerfahren ist. Diesem wurde in seiner Jugendzeit von einem Nichtjuden die Mütze vom Kopf gestoßen mit der Aufforderung: *Jud herunter vom Trottoir!*[38] Diesem Befehl leistete der Vater untertänig Gehorsam. Freud ist über die mangelnde Courage seines Vaters entsetzt. In so eine Ohnmacht möchte er niemals geraten.

Freuds Reifezeit

> Die Bewältigung (des Sexualtriebes) durch Sublimierung, durch Ablenkung der sexuellen Triebkräfte vom sexuellen Ziele weg auf höhere kulturelle Ziele gelingt einer Minderzahl, und wohl auch dieser nur zeitweilig, am wenigsten leicht in der Lebenszeit feuriger Jugend.
>
> Sigmund Freud

Mit dem Eintritt der Pubertät setzen die Wandlungen ein, welche das infantile Sexualleben in seine endgültige normale Gestaltung überführen sollen ... Der Sexualtrieb stellt sich jetzt in den Dienst der Fortpflanzungsfunktion; er wird sozusagen altruistisch ... Während durch die Pubertätsvorgänge das Primat der Genitalzonen festgelegt wird und das Vordrängen des erigiert gewordenen Gliedes beim Mann gebieterisch auf das neue Sexualziel hinweist, auf das Eindringen in eine die Genitalzone erregende Körperhöhle, vollzieht sich von psychischer Seite her die Objektfindung, für welche von der frühesten Kindheit an vorgearbeitet worden ist. So steht es in Freuds sexologischem Grundlagenwerk *Drei Abhandlungen zur Sexualtheorie*[39].

Wann bei ihm die Pubertät einsetzt und wie sie seine Phantasie, seinen Körper und sein Verhalten unmittelbar verändert, das ist schwer rekonstruierbar. Eines ist jedoch sicher, die Pubertät beeinträchtigt weder seine Leistungsbereitschaft noch seine Leistungsposition in der Klasse, auch nicht seinen außergewöhnlichen Buchkonsum.

Das Sublimieren scheint Freud gut zu gelingen. Im Gegensatz zu ihm tut sich ein Teil der Klasse damit sehr schwer, insbesondere die Mitschüler Otto Drobil und Richard Olt.[40] Sie besuchen zwielichtige Lokale und haben Kontakte zu Prostituierten. Drobil unterhält außerdem eine sexuelle Beziehung zur Tochter des Fleischers Wisgrill.

Allen Klassenkameraden, einschließlich Freud, sind diese erotisch-sexuellen Aktivitäten bekannt. Es dauert einige Zeit, bis die Lehrer und die Schulleitung auf Umwegen davon erfahren. Man spricht von skandalösen Zuständen. Und so beschließt am 1.7.1860 die Lehrerkonferenz, alle Schüler der Klasse zu verhören. Sowohl Freud als auch den anderen Schülern wird nach Abschluss der Verhöre Mitwissertum vorgeworfen. Zur Strafe wird ihre Sittennote herabgesetzt. Am härtesten werden die beiden Übeltäter sanktioniert. Sie erhalten einen Schulverweis.

Freud behält trotz des Mitwisserdelikts seinen Status als Vorzugsschüler.[41] Die Lehrerschaft verzeiht ihm, weil sie ihn als Vorbild braucht. Ein Jahr später wird sein sittliches Verhalten schon wieder mit *musterhaft* benotet.

Der Vorzugsschüler hat auch zu Hause einen besonderen Status inne. Er genießt gegenüber seinen fünf Schwestern Privilegien. So hat er als einziges Kind ein eigenes Zimmer. Nur er besitzt eine Petroleumlampe. Die Bücher, die er will, bekommt er auch. Und da er beim Lernen und Lesen nicht gestört werden möchte, erreicht er es, dass das Klavier seiner ältesten Schwester Anna wieder aus der Wohnung verschwindet.

Freuds Schulfreund Eduard Silberstein

Er fühlt sich auch dazu berufen, darüber zu bestimmen, welche Bücher seine Schwestern lesen dürfen und welche nicht. Anna schreibt hierzu in ihren Erinnerungen: *Er las nicht nur selber Berge von Büchern, sondern übte auch entschiedene Kontrolle über meine Lektüre aus. Wenn ich ein Buch hatte, das ihm für ein Mädchen meines Alters unpassend erschien, sagte er: Anna es ist noch zu früh für dich, dieses Buch zu lesen.*[42]

Trotz seiner Exklusivität ist Freud kein Einzelgänger geworden. Er pflegt eine intensive Freundschaft mit dem Schulkameraden Eduard Silberstein, Sohn eines reichen jüdischen Kaufmanns aus Braila in Rumänien. Dieser hat Eduard und dessen Bruder nach Wien geschickt, damit sie dort eine besonders qualifizierte Schulbildung absolvieren.

Die beiden Freunde verbringen einen Großteil der außerunterrichtlichen Zeit miteinander. Sie führen hochgeistige Dialoge. Sie verspeisen üppige Abendmahlzeiten. Sie lernen autodidaktisch die spanische Sprache. Und sie gründen eine Lern- und Denkgemeinschaft, der sie den Namen Academia Castellana geben. Aus einem Text von Cervantes, der *einen humoristisch-philosophischen Dialog zwischen zwei Hunden*[43] enthält, entlehnen sie zwei Pseudonyme. Freud benennt sich nach dem Hund Cipión und Silberstein nach dem Hund Berganza. Und damit reden sie sich künftig an.

Gegen Ende der Gymnasialzeit, im Jahre 1872, weilt Freud während der Sommerferien einige Wochen in der ehemaligen mährischen Heimat. Einen Teil dieser Zeit verbringt er auch in Freiberg bei der Familie Fluß, mit der Freuds Vater seit langer Zeit befreundet ist. Dort erlebt er sein Frühlingserwachen.

Er verliebt sich in die Fluß-Tochter Gisela, die zwei Jahre jünger ist als er und der er den Decknamen Ichthyosaura gibt. Seinem Freund Silberstein beschreibt er sie so: *Giselas Schönheit ist eine wilde, ich möchte sagen thrakische, die Adlernase, das lange schwarze Haar, den gepreßten Mund hat sie von der Mutter, die dunkelbraune Gesichtsfarbe und den manchmal gleichgiltigen Gesichtsausdruck vom Vater.*[44]

Freud ist nicht in der Lage, seine Liebesgefühle Gisela mitzuteilen. Die erfährt nur sein Freund Silberstein. Die imaginäre Geliebte darf von seiner Verliebtheit nichts erfahren. Er bleibt im Käfig seiner Hemmungen gefangen. Nicht auszuschließen ist, dass Gisela dennoch einiges auf nichtsprachlichem Weg erahnt. Welche Gefühle sie dem attraktiven Jüngling entgegenbringt, bleibt ebenso unausgesprochen.

Nach ein paar Tagen sind für Gisela die Ferien zu Ende. Und sie verlässt Freiberg, um in ihr Internat zurückzukehren. Ihre Abreise erzeugt in Freud einen heftigen Liebeskummer. Stundenlang spaziert er durch die Wälder und versucht durch den *Aufbau von Luftschlössern*[45] die Seelenschmerzen zu lindern.

In einem Brief an Silberstein, datiert vom 4.9.1872, berichtet er über seine Kummertherapie: *Ich habe all die wimmelnden Gedanken beruhigt und zucke nur leicht zusammen, wenn die Mutter bei Tisch den Namen Gisela ausspricht. Die Neigung ist erschienen wie ein schöner Frühlingstag, nur mein unsinniges Hamlettum, meine Gedankenschüchternheit, hat mich verhindert, im Gespräch mit dem halb-naiven, halbgebildeten Mädchen mir Vergnügen und Erquickung zu verschaffen.*[46]

Freud besetzt während seines Aufenthalts in der Familie Fluß nicht nur Gisela libidinös, sondern auch ihre Mutter. Er erlebt diese als eine Frau, die sich ihm gegenüber auffällig fürsorglich verhält, ja ihm besonders zugetan ist. Eleonore Fluß ist für ihn die ideale Künftige. So sollte seine Ehefrau einmal sein.

Freud nimmt Abschied von Freiberg. Er muss zurück nach Wien, denn sein letztes Gymnasialjahr und die Reifeprüfung nahen. Sich auf dieses Ziel jetzt voll und ganz zu konzentrieren, fällt ihm, der bisher so gut sublimieren konnte, überraschend schwer: *Das Bild Giselas wollte mir nicht aus dem Sinn. Caramba!*[47]

In den kommenden Monaten erlangt Freud wieder so viel Balance, dass er gut vorbereitet in die Prüfungen starten kann. Auch die Weltausstellung, die im Frühjahr 1873 in Wien stattfindet, vermag es nicht, ihn zu seinem Nachteil abzulenken.

Es wird ihm einiges abverlangt. In Latein ist eine Passage aus Vergil zu übersetzen, die er bereits schon einmal *privat gelesen hatte*[48]. Die Griechisch-Übersetzung handelt vom König Ödipus. Das Thema des Abituraufsatzes lautet: *Über die Rücksichten bei der Wahl des Berufes*[49]. Und in der Mathematikprüfung, in die er *mit Zittern und Beben*[50] hineingeht, sind vier Aufgaben aus der Geometrie und Algebra zu lösen.

Am 9. Juli ist es soweit, Freud erhält als Siebzehnjähriger das *Zeugnis der Reife mit Auszeichnung*[51]. Ein Stein rollt von seiner vom Prüfungsstress belasteten Seele. In kathartischer Stimmung schreibt er am 10.7.1873 an Silberstein: *Gestern habe ich armer (?) zum ersten Mal nach 4 Wochen ruhig geschlafen ... Ich bin in einer Art von Trunkenheit, leichtsinnig wie nachdem man solche Lasten abgeschüttelt.*[52]

Die Familie Freud ist stolz auf Sigmunds glänzenden Gymnasialabschluss. Im projektierten Lebensplan hat er einen wichtigen Schritt vollzogen. Der Vater verspricht ihm zur Belohnung eine Reise nach England, damit er dort seine Halbbrüder besuchen kann.

In Freuds befreiter Seele kommt die Libido wieder in Fluss. Seine Ichthyosaura ist immer noch Objekt seiner Sehnsucht. Es zieht ihn wieder ins Mährische. Seinem Vater begründet er den Reisewunsch damit, dass er dort mit seinem Freund Silberstein einige Ferienwochen verbringen möchte. Doch der Vater sagt unmissverständlich nein. Er ahnt wohl das, was den Sohn tatsächlich antreibt.

Freud beugt sich dem vom Vater auferlegten Triebverzicht.

Der Maturierte beschäftigt sich jetzt intensiv mit der Studienwahl und Studienvorbereitung. In diese Angelegenheit mischt sich der Vater nicht ein. Nachdem Freud ursprünglich vorhatte, Jura zu studieren, entscheidet er sich nach längerem Abwägen für das

Studium der Medizin. Was ihn für dieses Studienfach motiviert, ist weniger das Heilen-Wollen, sondern *eine Art von Wissbegierde*.[53]

Kurz vor Studienbeginn ist er von diesem Bildungstrieb noch nicht völlig okkupiert. Darauf deutet eine Stelle in einem Brief an Silberstein hin, der sich momentan in Mähren aufhält: *Achte darauf, dass Du ... benachrichtigst, wen auch immer Du auf Deinem Weg triffst, denn es könnte nicht unmöglich sein, dass Du Dich mit den Mädchen und deren Mutter abgibst, die wir die ‚Prerauerenses' genannt haben. Fast ein ganzes Jahr ist vergangen, ohne dass ich etwas von diesen Jungfrauen gehört oder gesehen hätte, die der Aufmerksamkeit und Neugier so würdig sind, wenn man ihnen einmal begegnet ist.*[54] Was ist damit zu assoziieren? Wer sind die Jungfrauen? Mit welchem Affektquantum hat er sie besetzt? Gisela ist wohl in seiner erotischen Vorstellungswelt nicht allein.

Freuds Singlezeit

> Übrigens muß ein Mensch nicht alles wollen, und wenn mir Damengesellschaft beschwerlich bleibt, so freue ich mich darüber, dass sie Dir umso leichter ist.
>
> Freud in einem Brief an Silberstein

Als sich 1873 im Prater die Blätter färben, beginnt für Freud ein neuer Lebensabschnitt. Er immatrikuliert sich an der Universität Wien. Um seine Wissbegierde am Busen der Alma Mater optimal zu stillen, belegt er nicht nur medizinisch-naturwissenschaftliche, sondern auch geisteswissenschaftliche Lehrveranstaltungen, unter anderem beim berühmten Philosophen Franz von Brentano.

Sein umfangreiches Studierprogramm beschäftigt ihn nicht nur tagsüber, sondern macht auch weite Teile der Nacht zum Tag. Es verlangt ihm alles ab, wie aus einem Brief an Silberstein hervorgeht: *Da meine Lebensweise eine halb-nächtliche ist, studiere ich meist von 10–2 Uhr, nicht selten überspanne ich meine Kräfte bis 4, 5 und verliere dafür einen Tag oder zwei, indem ich für einige Zeit unfähig bin, etwas zu studieren ... Mein Studienplan ist ein ziemlich groß angelegter ... ein Heer von Vorsätzen umschwirrt mich fortwährend und lässt mich nicht zum ruhigen Genuß meiner Arbeit kommen … Zu auswärtiger Lektüre komme ich gar nicht, ein bisschen Lessing und Goethe ist alles …*[55]

Freud wohnt übrigens immer noch in der elterlichen Wohnung. Für ein lustiges Studentenleben außerhalb der Hörsäle und des Studierzimmers hat er so gut wie keine Zeit. Um Zeit zu sparen, verzehrt er seine Abendmahlzeit oft allein in seinem Zimmer. Lange familiäre Tischgespräche könnten, so seine Argumentation, die Arbeitseffizienz gefährden.

Ebenso knapp wie die Zeit ist Freuds Kasse, unter anderem auch deshalb, weil er großen Wert auf sein Äußeres legt und sich vornehm kleidet. Er ist materiell abhängig von der väterlichen Unterstützung. Reicht diese mal nicht aus, borgt er sich bei Freunden Geld. Die Schulden zahlt er immer zurück, bisweilen früher als vereinbart. In den höheren Semestern bessert er sein Budget durch Autorentätigkeiten auf. Und 1879 wird ihm von der Universität ein Stipendium in Höhe von 100 Gulden gewährt.[56]

Das Studium hat Freud voll in Anspruch genommen. Spürt er angesichts dieser Stressbelastung die sexuellen Triebansprüche seines Es noch? Wie kommt er mit ihnen zurecht? Bewältigt er das, was sich letztlich nicht sublimieren lässt, durch Verdrängung? Oder durch Masturbation? – So wie es einst der große Denker Immanuel Kant regelmäßig getan hat, *um den Kopf frei zu haben*[57].

In Freuds sexueller Kopfwelt ist Gisela immer noch Objekt seines Begehrens, auch wenn er Silberstein gegenüber Coolness demonstriert. Doch aus dem Wunsch Wirklichkeit werden zu lassen, wagt er nicht. Die Gelegenheit hierzu ist besser als je zuvor, da Gisela mittlerweile mit seinen Schwestern befreundet ist.

Ende 1874 ist sie bei den Freuds zu Hause, um Silvester zu feiern. Der Party-Gesellschaft fällt auf, dass Sigmund *fröhlicher als sonst*[58] ist. Doch seine gehobene Stimmung fördert die Lösung seines Annäherungs-Vermeidungs-Konfliktes nicht. Er lässt sich lieber von der Reiselust verlocken und reist im Frühsommer 1875 nach England. Dort sieht er seinen Halbbruder Philipp und seine Cousine Pauline wieder, beide einst Mitakteure seiner Freiberger Doktorspiele.

Nachdem der Studiosus im Frühherbst 1875 von seiner England-Reise zurückgekehrt ist, erfährt er, dass das Objekt seiner jugendlichen Libido ihre Liebe einem anderen Mann versprochen hat. Daraufhin verfällt er in eine tiefe Depression, die suizidale Züge aufweist. Seine Schwermut bekämpft er, indem er sie lyrisch verarbeitet:

> *Hochzeitscarmen*
> *Von einem Homeriden der Academia Castellana*
>
> *Singe mir Muse, den Ruhm der Ichtyosaura communis*
> *vormals mächtig im Lias und anderen Formationen,*
> *die ein leuchtendes Vorbild gewesen der Academia,*
> *so daß ein Preis auf ihre Erscheinung von ihnen*

gesetzt war.
– Doch sie erdrückte die Wucht der nach ihr folgenden Kreide,
bis auch diese zerbröckelt – denn nichts auf Erden ist ewig.
Solche Erinnerung pflege mir Muse und freu' Dich der Nachricht,
die Du soeben brühwarm vom Freunde begeistert vernommen.
Doch wie fang' ich es an, unkundig der lesbischen Laute
jene zu preisen, Helena an Schönheit, die unwiderstehlich
Herzen der Männer erobert, sie selbst dem Geseufze dahingab?
Nicht allzu groß war ihre Gestalt, sie glich nicht der Pappel,
welche untadligen Wuchses gradaus zum Himmel emporstrebt,
noch der Fichte und Tanne, dem Schmuck der nordischen Wälder,
noch des Libanons Zeder, dem klassischen Baum der Juden
sondern der Formen höchste, das Ideal der Gestalten, –
kugelartig erschien sie und herrlich voll abgerundet,
rund das Gesicht mit den geistvollen Funken sprühenden Augen,
rund des Leibes Umfassung und wenn dem Dichter vergönnt ist,
schauenden Aug's zu dringen in was dem gewöhnlichen Blicke
verhüllt ist,
zweifelt er nicht, dass die Rundung Prinzip sich bewähre der Formen,
welche dem glücklichen Manne enthüllt der selige Abend.
Neider behaupten und Hasser, dass alle Ichthyosauri,
– welche Linné so benannt und Jussieu der Gelehrte –

kürbisartigen Hauptes versehen bewandeln die Erde,
aber kein sterbliches Auge ersah an Ichthyosaura den Mangel, –
außer vielleicht der Friseur – denn glänzend fiel ihr vom Scheitel
und von den Schläfen herab des Haupthaares wogendes Flutmeer,
bald zu Zöpfen geschlichtet, bald frei sich bewegend im Winde, bald mit dem Glanze der Sonnen, bald matt wie Strohfarb'
erscheinend,
herrliche Zierde der Schönen, in Madrid und Sevilla beneidet.
Aber o Muse, betraure den reißenden Hingang der Zeiten,
und die eilende Post, die nicht zu säumen vergönnet,
nicht zu beschreiben der Äuglein Glanz und innere Farbe,
welche ob grau, ob grün, kein sterbliches Urteil entscheidet,
nicht die Formung der Nase, des Kinns und der Ohren Gestaltung, sondern mit flüchtigem Blick Dich heißt überglänzen die Jungfrau prangend, die jetzt sich vereint mit dem Manne, um Hausfrau zu werden,
aber den Zweifel noch löse mir Muse, denn drückend erscheint er.
Spötter, Lächler und Gottesverächter, unkundig der Schonung,
Momusse, Kritiker auch, die das Kind im Leibe der Mutter
Schon bekritteln, bevor es ein Auge der Menschen gesehen,
sagen zumeist – es verderbe sie Zeus, der Rächer des Bösen –
dass in dem sonnigen Leib nur dumpf der Geist sich bewege,
unansehnlich und machtlos im schmalen Gehirn die Vernunft thront,
eingeengt durch der Bänder und Schleifen und

Zöpfe Besitztum, dass der feineren Bildung
Strahl nie aufgefangen das Auge,
nie glänzt im Verständnis der geistig waltenden Kräfte,
nie mit wunderndem Blick geschaut in die Tiefen des Wissens,
nie zu schauen begehrt, wie des Maulwurfs Auge beim Wühlen.
Minerva und Juno, die Göttinnen zwei, nie schmückten sie, welche
einzig der Liebling gewesen der lächelnden Aphrodite.
Löse mir Muse den Zweifel. Du weißt es besser als jene,sahst in die Schule sie gehen, belauschtest ihre Gedanken,
hörtest des Galliers Sprache sie murmeln, stolzschwellenden Mundes, und die Wissenschaft sämtlich – soweit sie frommet den Mädchen
und sie wird gelehrt im Pensionat –die weißt Du, besitzt sie.
Auch an Kunstfertigkeit nicht findest Du ihr gleich die andere.
Rasch entwächst ihren Händen der Strumpf bei der Nadeln Geklapper,
emsig führt sie das Werkzeug, das Löcher bessert in Kleidern,
allwo die Gähnung der Poren der Luft das Besitztum erlaubt hat.
Schicklich teilt sie dem Häring den Leib und wäscht ihn mit Wasser, scheidet die Milch von dem Fleische und bringt die Speise zu Tische.
Schmackhaft ist ihr Gebäck, des Salzs nicht ermangelnd und Zuckers,
nicht der Würze die Brühen, so reich ist ihre Gewandtheit.
Also nicht darf sie sich schämen, die Hand zu reichen dem Jüngling, welcher in Deutschland studiert die Kunst das Geld zu erwerben,
Rosenzweig genannt, weil auf ihn als Zweig sie blühet als Rose.
Glücklich seien sie beide und reich sei gesegnet ihr Brautbett

– beide untadeligen Stamms, an Schönheit prangend und Reichtum –.
Segen erfülle ihr Haus, nie raste am Herde der Braten,
nie sei leer des Papiers die eiserngefestete Kassa,
und so mögen sie beide das Los vollenden des Lebens
gleich den Insekten und Würmern, die unsere Erde bevölkern,
ungestörter Atmung begabt und Nahrungsaufnahme,
nie von dem Geiste berührt, das wünscht die Academia.[59]

Die Ichthyosaura ist endgültig vergeben. Freud fügt sich seinem Schicksal. Die Libido wird wieder umgeleitet in akademisches Schaffen. Im Wintersemester 1875/76 investiert er viel Energie in die Zoologie: Anatomie der Vertebraten, Anatomie der Moluskeln, Zoologisches Praktikum. Sein Professor Carl Claus wird auf die wissenschaftliche Neugier und auf die Fähigkeiten Freuds aufmerksam. Um ihn zu fördern, vermittelt er ihm zwei Forschungsaufenthalte an der Versuchsstation für Meeresbiologie in Triest.

Der Stipendiat bekommt die Aufgabe, dort die Hoden des Aals zu erforschen. Er seziert und analysiert ungefähr 400 Aale. Den Forschungsbericht findet Claus so wertvoll, dass er ihn 1877 in den Sitzungsberichten der Kaiserlichen Akademie der Wissenschaften veröffentlichen lässt.

Während seines Triester Aufenthalts ist Freud nicht nur an seinem Forschungsthema interessiert, sondern er nimmt auch die italienischen Frauen wahr.

Sie sind schlank, groß, *schmal von Antlitz mit länglicher Nase, dunklen Augenbrauen und der kleinen hochgehobenen Oberlippe*[60]. Er hat den Eindruck, *als ob lauter italienische Göttinnen Triest bevölkern würden*[61]. Er schreibt nieder, was diese in ihm ausgelöst haben: ... *und ich bekam völlig Angst, aber als ich am zweiten Tag erwartungsvoll die Straßen betrat, konnte ich keine mehr finden und seitdem gehört eine schöne donna zu den seltensten Dingen, die ich auf der Straße sah.*[62]

Trotz seiner anfänglichen Bangigkeit möchte er den Göttinnen erotisch begegnen. Und plötzlich sind sie fast nirgendwo mehr zu sehen. Wahrscheinlich hat sein Über-Ich dafür gesorgt, dass die Wahrnehmungsschwelle für erotische Reize erhöht worden ist. Dieser Triebwunsch wird wie so oft durch geistige Ersatzhandlungen befriedigt.

Die Wissenschaft ist wieder Herr über Freud. Und zurück in Wien findet er eine Vaterfigur, die diese Herrschaft stabilisieren hilft. Es ist der Physiologie-Professor Ernst Wilhelm von Brücke. Ebenso wie Carl Claus erkennt der Freuds besondere Begabung und stellt ihn als studentische Hilfskraft ein. Für den Jungforscher ist es eine große Ehre, von Brücke immer wieder interessante Untersuchungsaufgaben übertragen zu bekommen. Im physiologischen Labor findet er *endlich Ruhe und volle Befriedigung*[63].

Freuds akademischer Lehrmeister
Ernst Wilhelm von Brücke

An Brückes wissenschaftlicher Arbeitsstätte schließt er Freundschaften mit Kollegen, die ihn aus seiner Einsamkeit herausführen. Darunter ist die zu Josef Breuer, einem exzellenten Arzt und Physiologen, am intensivsten und wohl auch am folgenreichsten. Denn Breuer ist derjenige, der später an der Geburt der Psychoanalyse einen gewichtigen Anteil haben wird.

Auch wenn Freud durch die Liebe zur Physiologie viel psychosexuelle Energie neutralisieren kann, holt ihn das sexuelle Bedürfnis von Zeit zu Zeit ein. Dieses in einer Beziehung zu einer Bürgertochter zu befriedigen, ist damals quasi unmöglich. Dorthin gelangt man nur durch eine Ehe. Vorehelicher Geschlechtsverkehr ist für junge Frauen tabu. Wenn ein vorehelicher Beziehungsweg beginnt, wird strengstens darauf geachtet, dass es nicht zu Sexualkontakten kommt.

Wer das Triebproblem masturbatorisch nicht lösen möchte, dem bietet sich der Geschlechtsverkehr mit sexuell leicht zugänglichen Frauen an. Deshalb tut Freud gelegentlich etwas, was im damaligen Wien bei vielen Junggesellen üblich ist. Er besucht zusammen mit seinem Freund Karl Bettelheim eines der zahlreichen Wiener Freudenhäuser.[64] Dieser ist übrigens der Onkel des späteren Psychoanalytikers Bruno Bettelheim. Im Freudenhaus kann Freud die *Handlung, nach welcher der Trieb drängt*[65], vollziehen.

Weniger lustvoll wird es, als Freud im Spätsommer 1879 das Studium unterbrechen und einen einjährigen Militärdienst in der königlich-kaiserlichen Armee absolvieren muss. Diese Zwangspause erlebt er als geistlos und quälend langweilig. Er versucht den Monotoniestress zu bewältigen, indem er für den Philologen Theodor Gompertz Aufsätze von John Stuart Mill ins Deutsche übersetzt.

Nach der Erlösung vom militärischen Zwangsritual wird Freud ein weiteres Maß an Bedürfnisaufschub abverlangt. Er muss jetzt alle Energie auf den Abschluss seines Medizinstudiums verwenden. Sein Umfeld drängt ihn dazu, denn aufgrund seiner Forschungsaktivitäten hat er die erwartbare Studienzeit beträchtlich überschritten. Freud sieht das später so: *Die fünf Jahre, die für das medizinische Studium vorgesehen sind, waren ... zu wenig für mich. Ich arbeitete unbekümmert in weitere Jahre hinein, und im Kreise meiner Bekannten hielt man mich für verbummelt, zweifelte man, daß ich fertig werden würde. Da entschloß ich mich schnell meine Prüfung zu machen.*[66] Nach einer Reihe von Prüfungen wird der Langzeitstudent am 31.3.1881 *zum Doktor der gesamten Heilkunde promoviert*[67].

An der Promotionsfeier nehmen auch seine Eltern, seine Geschwister sowie Verwandte und Freunde teil. Unter den Letzteren ist auch Emil Fluß, der Bruder seiner Ex-Geliebten Gisela, die einige Woche zuvor den Kaufmann Emil Popper geheiratet hat.

Freud bleibt zunächst an Brückes Institut und ist dort drei Semester lang ohne Bezahlung als Demonstrator tätig. Die schwierige materielle Situation zwingt ihn, weiterhin bei seinen Eltern und Geschwistern zu wohnen. Ein freudloser Zustand postadoleszenter Existenz.

Freuds Verlobungsjahre

> Marthi, mein süßer Schatz, unser Glück ruht endgültig in unserer Liebe...
>
> Sigmund Freud in einem Brief an Martha Bernays, 9.9.1883

Sechs Jahre ist Freud schon im Labor des Physiologen Brücke. Als immer klarer wird, dass dieser ihm keine feste Assistentenstelle beschaffen kann, entschließt er sich, die Forschungsstätte, an der er sich so wohl gefühlt hat, zu verlassen. Gleichzeitig bedeutet dies auch, Abschied zu nehmen von der Vision einer klassisch-wissenschaftlichen Laufbahn.

Freud möchte jetzt klinische Erfahrungen sammeln und danach eine Privatpraxis gründen, um ökonomisch endlich auf eigenen Beinen stehen zu können. Welches Motiv verbirgt sich hinter diesem neuen Zukunftsplan? Es ist privater Natur, denn im April 1882 hat sich Freud über beide Ohren in Martha Bernays verliebt. Kennen gelernt hat er die hübsche 20-Jährige, als sie bei seinen Schwestern zu Besuch ist. Er ist gerade von der Arbeit nach Hause gekommen und wirft einen Blick ins Wohnzimmer. Dieser bleibt an einem hübschen Mädchen hängen, das einen Apfel schält. Er geht nicht, wie gewohnt, in sein Kabinett, sondern schließt sich der fröhlichen Runde an. Schlagartig spürt er ein Gefühl von Verliebtheit. Martha hat ihn *nachhaltig außer Fassung gebracht*[68]. Es ist um ihn geschehen.

Die Angehimmelte ist keine gebürtige Wienerin, sondern stammt aus Wandsbek bei Hamburg. Von dort ist sie 1869 mit ihrer Familie in die Kaiserstadt gekommen, wo ihr Vater eine neue Beschäftigung findet und zehn Jahre später stirbt.

Freud glüht vor Liebe, doch Martha hält ihre Gefühle noch etwas zurück. Endlich hat er sie, die Frau seines Lebens. Eine solche *zu finden ist* [für ihn] *eines der schwersten Dinge der Zivilisation*[69].

Am 30. Mai küsst er Martha bei einer Wanderung auf den Kahlenberg zum ersten Mal. Der Verehrer lässt ihr regelmäßig Rosen zukommen. Die Verehrte, die mit ihm noch per Sie ist, bedankt sich: *Die himmlischen Rosen, die Sie mir heut geschickt, stehen vor mir und duften und sagen mir so einen lieben Gruß von Ihnen ...*[70]

Marthas Mutter Emmeline Bernays ist über die Liaison nicht erfreut. Der ökonomisch minderbemittelte Doktor Freud ist keine gute Partie. In diesem Konflikt mit der Mutter erhält Martha wichtige Unterstützung von ihrer vier Jahre jüngeren Schwester Minna, die schon verlobt ist, und zwar mit dem Indologen Ignaz Schoenberg. Freud findet die intelligente und schlagfertige Minna sympathisch. Er nennt sie gerne *Schwesterchen* oder *Minnchen* und sie ihn ebenso gerne *Bruder* oder *Sigi*.[71]

Schon am 17. Juni 1882 versprechen sich Sigmund Freud und Martha Bernays inoffiziell die Ehe und tauschen Ringe aus. Kurz nach dieser heimlichen Verlobung fährt Martha zu ihrem Onkel nach Wandsbek, um dort einen Sommerurlaub zu verbringen. Freud schreibt ihr sofort einen Liebesbrief: *Mein teures, heißgeliebtes Mädchen, Ich wußte es, erst wenn du entfernt sein wirst, würde mir der ganze Umfang meines Glücks und leider auch das ganze Maß meiner Entbehrung zum Bewusstsein kommen...* [72] Postwendend antwortet Martha: *Sigi, mein Sigi! Ich nenne Dich heut zuerst bei deinem Namen, Deinem lieben Namen, der mir eigentlich schon lieb war, noch ehe ich Dich recht gekannt ... Leb wohl, leb wohl, dass du mir schreiben sollst das brauche ich wohl nicht zu sagen ...*[73] In den folgenden Wochen folgt eine Kaskade von Briefen in beiden Richtungen, in denen sich Sigi und Martha aus tiefster Seele Liebesbotschaften übermitteln.

In diesem Zustand extremer Verliebtheit wird Freud auch von einer sich stetig steigernden Eifersucht erfasst. [74] Zunächst richtet sie sich auf Marthas hamburgischen Vetter Max Mayer, seines Zeichens Komponist, dessen Lieder die Geliebte gerne singt. Er fürchtet, dass die beiden in Wandsbek sich näher kommen. Dann gerät Freuds Freund Fritz Wahle, ein Violinist, ins Visier der Affekte. Er zählt seit längerem zu Marthas Freundeskreis, ist inzwischen aber mit deren Cousine Elise verlobt. Als Freud von seinem Freund Ignaz Schoenberg mitgeteilt bekommt, dass

Martha am 30. Mai in einem unbeobachteten Moment auch von Fritz geküsst worden ist, gerät er in Rage. Schoenberg lädt beide zu einem Klärungsgespräch ein. Bei dieser Gelegenheit wird Fritz über die heimliche Verlobung informiert, worauf er in Tränen ausbricht. Fritz droht damit, sich und Freud umzubringen. Freud hält dies für eine Spaß-Drohung. Daraufhin behauptet Fritz, dass Martha sich entloben würde, sollte er sie darum bitten. Er besorgt sich Briefpapier und schreibt ihr sofort einen Liebesbrief, den Freud ihm entreißt und zerfetzt. Fritz verlässt weinend den Ort des Geschehens. Freud, der inzwischen ebenfalls weint, holt ihn ein und bringt ihn heim.

Freud berichtet Martha von dem Vorfall. Sie ist entsetzt über seine Eifersucht und liest ihm die Leviten: ... *Du weißt, dass Du mir mit dem gestrigen Briefe wehgetan, nicht wahr? Der ganze Brief war ein Ausfluß hässlichen Misstrauens, den Dein Mädchen nicht verdient.*[75] Sie sagt ihm klar und deutlich, dass sie mit Fritz befreundet war, mehr nicht. Diesmal beendet sie den Brief lediglich mit *Gute Nacht!*[76]

Um die Wogen zu glätten und den Beziehungsfrieden wiederherzustellen, reist Freud am 16. Juli nach Wandsbek, wo mehrere heimliche Treffen stattfinden. Unter anderem am 26.7. 1882, an Marthas Geburtstag. Tags darauf schreibt sie ihrem Sigi: *Als ich nach Hause kam gestern Abend, da frugen sie mich, ob ich wohl Champagner zu trinken bekommen hätte, so toll war ich, nein, nicht Champagner sagte ich laut, und im Stillen: aber mein Geliebter hat mich heut so oft und so stürmisch geküsst, das müssen mir ja alle Leute ansehen können – und haben doch nichts gemerkt!*[77]

Freud wäre gerne noch länger in Wandsbek geblieben, aber er muss zurück nach Wien. Denn am 31.7.1882 tritt er seinen Dienst am Wiener Allgemeinen Krankenhaus an. An dieser Großklinik beginnt eine drei Jahre dauernde medizinisch-praktische Weiterqualifizierung, während der er mickrig besoldet wird. Zunächst lernt er die Chirurgie kennen. Bald darf er kleine Operationen und Narkosen durchführen. Lapidar kommentiert er diese Lehrzeit: *Die Chirurgie interessiert mich vorwiegend als Handwerk ...*[78]

Beinahe täglich berichtet er Martha über das Tagesgeschehen und grüßt sie *in inniger, unveränderlicher Liebe*[79]. Und Martha versichert ihm in ihren Briefen, dass er *ihr einziger, bester, süßer Freund* ist[80]. Das tut dem eifersüchtigen Sigi gut. Am 11.9. 1882 ist es soweit, Martha ist wieder in Wien. Jetzt sind sie sich endlich wieder nahe. Doch die Geliebte ist vom Wiedersehen, das auf der Straße stattfindet, enttäuscht. Sie hat sich ein anderes Arrangement erwartet. Und sie ist unzufrieden mit Freuds Erscheinungsbild: *Und Du, Du siehst angegriffen aus und blaß und warst früher ein Riese an Gesundheit ... sind mit Deinem Dienst denn auch Nachtwachen verbunden?*[81] Im sofortigen Antwortbrief drückt Freud sein Bedauern aus und lässt keinen Zweifel an der Liebe zu ihr: *Glaube mir, nie-*

mand hat Dich so lieb wie ich ... ich werde nicht müde, um Deine ganze volle Liebe zu bitten.[82]

Martha ist trotz der Liebesbeteuerung nicht auf gleiche Wellenlänge zurückgekehrt. Irgendetwas scheint ihr immer noch auf der Seele zu liegen. Am 16.9.1882 ist sie in Freuds Familie zu Besuch und ihrem Verlobten gegenüber äußerst wortkarg und verschlossen. Dieser schreibt ihr tags darauf warnend: *Es gibt nur einen Weg, uns allmählich zu entfremden, und den betrittst Du: nichts, oder über nichts mit mir zu sprechen, wo ich soviel Vertrauen, inniges Teilnehmenlassen von Dir erwarte.*[83]

Für Marthas Schweigsamkeit gibt es eine Ursache: das Wiederaufleben von Freuds Eifersucht gegen Fritz Wahle. Laut Ignaz Schoenberg bezeichnet dieser Martha *noch immer als sein eigen* und kündigt eine *Erneuerung* des *Verhältnisses an*[84]. Ultimativ schreibt ihr Freud: *Entweder Du weist ihn mit einem entschiedenen Wort zurück ... oder ich will es für Dich besorgen.*[85] Martha akzeptiert Freuds Ansinnen, und Fritz Wahles Störfeuer erlischt.

Die junge Liebe kehrt in die alte Bahn zurück: regelmäßige Treffen, Umarmungen, Küsse, ein Herz und eine Seele. Allerdings sind dem Zusammensein aufgrund von Freuds Dienstplan auch Grenzen gesetzt. Denn inzwischen hat er einen neuen Chef. Es ist Professor Hermann Nothnagel, ein berühmter Internist, der von seinen Ärzten einen hohen Einsatz erwartet. Ist Freud dienstlich verhindert, wandern wie gewohnt Liebesbriefe hin und her, häufig durch Drittpersonen überbracht.

Marthas Mutter ist sicherlich nicht überrascht, als sie kurz vor Jahresende, am 26.12.1882, von den beiden Verliebten über die Verlobung offiziell informiert wird. An diesem Tag sind auch Marthas Bruder Eli und seine Verlobte Anna, eine Schwester Freuds, sowie Ignaz Schoenberg bei den Bernays zu Gast – *treulich zu einer Familie vereint*[86].

Vier Monate nach dieser Mitteilung wird Freud Sekundararzt in der Zweiten Psychiatrischen Klinik des Allgemeinen Krankenhauses bei Professor Meynert. Er erhält ein eigenes Dienstzimmer, in dem er auch logieren darf. Somit kann er endlich, im Alter von 27 Jahren, aus der elterlichen Wohnung ausziehen. Dort in der Klinik darf ihn Martha mit Besuchen beehren. Allerdings nicht mehr lange, denn am 14. Juni 1883 verlässt sie mit der Mutter und ihrer Schwester Minna Wien in Richtung alte Heimat.

Aus Freuds Sicht möchte Emmeline Bernays durch die Rückkehr nach Wandsbek die junge Liebe absterben lassen. Marthas Mutter weist Freuds Verdacht entschieden zurück. Sie ist der Meinung, dass bei der zu erwartenden langen Verlobungszeit dem Paar eine räumliche Trennung gut tut.

Theodor Meynert, Freuds Chef an der Psychiatrischen Klinik des Allgemeinen Krankenhauses in Wien

Schon kurz nach der Ankunft schreibt Martha aus der Ferne ihrem Sigi: *Mein Geliebter, da bin ich wieder in dem lieben Nest, aus dem ich Dir schon so manchen Brief geschickt ... Mama hat ihr Zimmerchen ganz separiert rückwärts auf Gärten hinaus, ich schlafe in einem Zimmerchen ganz allein und Minna in unserm Salon ... ein kleines 16jähriges Holsteiner Dienstmädchen haben wir auch schon erworben, und so werden wir bald in aller Gemütlichkeit wirtschaften können.*[87]

Freud fühlt sich einsam und innerlich leer. Schmerzlich vermisst er sein Prinzesschen. Das Stimmungstief bekämpft er zum einen durch Arbeit. Zum anderen lenkt er sich durch Besuche ab: *Freitag abends, als ich mich gar zu jämmerlich fühlte, ging ich am Abend zu Breuer. Der Mann verbreitet Licht und*

Wärme um sich, und mir, der ich jetzt in Sonnenferne bin, war so kalt und dunkel zumute.[88]

Der Sehnsuchtskranke ist von Marthas bisherigen Briefen enttäuscht. Er wirft ihr vor, ihm zu wenig von ihr und ihrem Befinden mitzuteilen. Er droht ihr, den Inhalt seiner Briefe so lange knapp zu halten, bis sie wieder vertraulicher wird. Martha fühlt sich gekränkt und wirft Freud Ungeduld vor. Mitten im heißen Juli bricht das Eis, als sie ihm ein selbst verfasstes Liebesgedicht schickt:

> *Die Lippen ruhn, der Liebste ist so weit.*
> *Er kann mich nicht mehr küssen,*
> *Nicht mehr streicheln.*
> *Ich kann in's Ohr ihm nun kein Wort mehr schmeicheln,*
> *Das ihm bezeigte meine heiße Liebe.*
> *Ich muß ihm alles auf's Papier hin malen,*
> *Da steht's mit kecker Deutlichkeit geschrieben,*
> *Wird oft missdeutet auch*
> *Und schafft mehr Schmerzen als Genügen.*[89]

Freud ist außer sich vor Freude. Das ist Balsam auf seine melancholische Seele. Er hat Martha *lieb* und *will* sie *ewig lieb haben*[90]. Sein Stimmungsumschwung ist auch daran erkennbar, dass er wieder Humor walten lässt. Ende Juli legt er einem Brief an Martha ein Paar Strumpfbänder bei. Er begründet dieses Geschenk damit, dass Martha während eines Ausfluges sich immer mal wieder absentieren musste, um die Strümpfe hochzuziehen. Betrachtet man dieses Spaßgeschenk durch die Brille seiner späteren Erkenntnisse, so könnten ihn die Strumpfbänder mangels

Martha durchaus sexuell erregt haben. In seinen *Drei Abhandlungen zur Sexualtheorie* heißt es nämlich: *Ein gewisser Grad von solchem Fetischismus ist daher dem normalen Lieben regelmäßig eigen, besonders in jenen Stadien der Verliebtheit, in welchen das normale Sexualziel unerreichbar oder dessen Erfüllung aufgehoben erscheint.*[91] Dieser Aussage fügt er ein selbstverräterisches Zitat aus Goethes Faust an:

> *Schaff mir ein Halstuch von Ihrer Brust,*
> *Ein Strumpfband meiner Liebeslust!*[92]

So wie Martha sich in ihren Briefen jetzt äußert und mitteilt, gefällt es Freud. Dadurch ist eine Intimität entstanden, die trotz der riesigen Entfernung ein hohes Maß an mentaler und emotionaler Nähe erzeugt und die Fernliebe aufrechterhält. Freud schreibt ihr am 9.9.1883: *Sag doch nie mehr, dass Du kühl bist und das rechte Wort nicht findest, Du schreibst ja so unaussprechlich lieb, so ergreifend zärtlich, dass ich Dir gar nicht anders antworten könnte als durch einen langen Kuß und eine innige Umarmung.*[93]

Um die Vision einer Ehe verwirklichen zu können, konzentriert sich Freud intensiver als je zuvor auf seine ärztliche Qualifizierung. Am 1.10.1883 folgt ein kurzer Ausbildungsabschnitt in der Syphilis-Station der Hautklinik. Und am 1.1.1884 wird er in die IV. Medizinische Abteilung, Nervenabteilung genannt, versetzt. Während dieser Zeit führt er auch Studien über Kokain durch, die Selbstversuche mit einschließen. Über seine Selbsterfahrungen berichtet er Martha: *Wehe Prinzesschen, wenn ich komme. Ich küsse Dich ganz rot u. füttere Dich ganz ganz dick, u. wenn Du unartig bist, wirst Du sehen, wer stärker ist, ein kleines Mädchen, das nicht isst, oder ein großer wilder Mann, der Cocain im Leib hat. In meiner letzten schweren Verstimmung habe ich wieder Coca genommen u. mich mit einer Kleinigkeit wunderbar auf die Höhe gehoben.*[94]

Seine innersomatische sexuelle Reizquelle sprudelt nicht nur, wenn er Kokain in sich hat. Sie klopft regelmäßig an die Pforten seines Ichs an – genauso wie Hunger und Durst. Und wie geht er jetzt, da er verlobt ist, mit den Bedürfnisspannungen um? Sicherlich baut er einen Teil wie gehabt durch Sublimierung ab. Dann versucht er den *mangelnden Sexualgenuss*[95] auch durch seinen exzessiven Zigarrenkonsum zu kompensieren. *Denn Rauchen*, so Freud in einem Brief an Martha, *lässt sich nicht entbehren, wenn man nichts zu küssen hat.*[96] Und wie er die *Entladung der Geschlechtsprodukte*[97] handhabt, wissen wir nicht, wir können es nur vermuten. *Ist es*, wie er es einmal auf den Punkt gebracht hat, *die Masturbation die einzig große Gewohnheit, die Ursucht ...?*[98]

Oder kauft er sich in seiner Triebnot Liebe wie damals, als er zusammen mit Karl Bettelheim ins Bordell ging?

Im Sommer 1884 scheint seine Triebleidensfähigkeit an ihre Grenzen zu gelangen. Er möchte, dass Martha sich jetzt schon von der Mutter löst und nach Wien zurückkehrt. Über das Wie sind sich die beiden uneins. Freud geht auf Konfrontation: *Kannst Du mich nicht so lieb haben, dass Du für mich ganz auf die Deinigen verzichtest, so mußt Du mich verlieren, mich zu Grunde richten, aber auch an den Deinigen nichts mehr haben.*[99]

Martha gelingt es, den Konflikt zu deeskalieren. Als Freud im September 1884 in Wandsbek seinen Urlaub verbringt, pflegen die beiden einen sehr harmonischen Umgang. Ihr Seelenleben ist wieder im Lot.

Der Plan, erst dann zu heiraten, wenn die praktische Qualifizierung abgeschlossen und eine freiberufliche Existenz gegründet ist, wird nicht verändert. Seine Verwirklichung rückt aber deutlich näher.

Am 21.1.1885 reicht Freud an der Wiener Universität sein Habilitationsgesuch ein. Im April bewirbt er sich um ein Stipendium für einen Studienaufenthalt an der Pariser Nervenklinik Salpêtrière. Und was er will, bekommt er auch. Im Juni ernennt man ihn zum Privatdozenten für Neuropathologie und gewährt ihm das Stipendium. Euphorisch schreibt er am 20.6.1885 Martha: *Prinzeßchen, mein Prinzeßchen! O wie schön wird das sein! Ich komme mit Geld und bleibe recht lange und bringe was schönes für Dich mit und gehe dann auch nach Paris und werde ein großer Gelehrter und komme dann mit einem großen, großen Nimbus nach Wien zurück, und dann heiraten wir bald, und ich kuriere alle unheilbaren Nervenkranken, und Du erhältst mich gesund, und ich küsse Dich bis Du stark und heiter und glücklich bist – und wenn sie nicht gestorben sind, so leben sie heute noch ... Mit 100000 Küssen, die alle eingebracht werden sollen.*[100]

Freud und Martha Bernays ein Jahr vor ihrer Hochzeit

Am 23.8.1885 ist Freuds Dienstzeit am Wiener Allgemeinen Krankenhaus zu Ende. Vom Ballast der mühsamen Lehrzeit befreit, reist er nach Wandsbek, wo er sechs glückliche Wochen verbringt. Hierzu beigetragen hat diesmal auch die Schwiegermutter in spe, bei der er ihm gegenüber wesentlich mehr Akzeptanz als bisher feststellt.

Mitte Oktober kommt Freud in Paris an und stellt sich an der Salpêtrière beim berühmten Neurologie-Professor Jean-Martin Charcot vor. Bei ihm lernt er die Hypnose kennen. Gleichzeitig erwacht auch sein Interesse an der Psychopathologie beziehungsweise an der Hysterie. Freud ist von seinem neuen Meister fasziniert: *Charcot, der einer der größten Ärzte, ein genial nüchterner Mensch ist, reißt meine Ansichten und Absichten einfach um. Nach manchen Vorlesungen gehe ich fort wie aus Notre Dame, mit neuen Empfindungen vom Vollkommenen.*[101]

Freud berichtet Martha ausführlich über das Erlebte und Gesehene. Beruhigend lässt er sie wissen, wie wenig ihn die Pariser Damenwelt reizt: *Die Hässlichkeit der Pariser Frauen lässt sich kaum übertreiben, nichts abstoßendes, aber auch nicht ein anständig hübsches Gesicht.*[102]

Als ihm sein Neffe John einen Besuch abstattet, will er wissen, ob Freud in Paris *ein Verhältnis unterhalte*[103]. Dieser informiert Martha über die Investigation. Scherzend fügt er hinzu: *Hoffentlich nicht in Deinem Auftrag, mein Weibchen.*[104]

In der zweiten Dezemberhälfte unterbricht Freud seinen Studienaufenthalt, um nach Wandsbek zu fahren. Zum ersten Mal feiert er mit Martha und ihrer

Familie Weihnachten. Im Vorfeld ist dieser Weihnachtsbesuch von Martha nicht so willkommen geheißen worden, wie der Verlobte es sich gewünscht hatte. Doch dann gibt es ein positives Signal, das ihn sehr erfreut: *Ich bin glücklich, dass Du Deinem Widerstand gegen mein Kommen entsagt hast ... Liebe und Wissenschaft mögen nie verlassen Deinen Sigmund.*[105]

Ende Februar 1886 ist der Pariser Studienaufenthalt zu Ende. Freud verlässt *das Mekka der Neurologen*[106] und reist über Wandsbek nach Berlin, wo er in verschiedenen Kliniken hospitiert, insbesondere beim bekannten Kinderheilkundler Adolf Baginsky.

Anfang April 1886 kehrt der Nervenarzt nach Wien zurück, um so rasch wie möglich seine Praxis zu eröffnen. Dies geschieht am 25.4.1886. In den Tageszeitungen und Fachzeitschriften erscheint eine Anzeige mit folgendem Text: *Dr. Sigmund Freud, Dozent für Neuropathologie an der Universität Wien, ist von seinem sechsmonatigen Aufenthalt in Paris zurückgekehrt und ordiniert jetzt Rathausstraße 7.*[107] Nebenbei arbeitet er unentgeltlich am Ersten Öffentlichen Kinderkrankeninstitut, dessen Leiter Max Kassowitz ist.

Im Mai teilt Freud Martha mit, dass er sie noch im September heiraten möchte. Er ist des Wartens und Verzichtens überdrüssig: *... ich entbehre Dich, seitdem ich zurück bin ... Du fehlst mir in allem, weil ich zu Allem Dich genommen habe, als Geliebte, als Weib, als Kamerad, als Arbeitskraft, und ich muß in der schmerzlichsten Entsagung leben; ich nütze meine Zeit nicht aus,* *habe an nichts Freude, habe seit Wochen keine heitere Miene gemacht u bin , kurz gesagt, so unglücklich.*[108]

Die Schwiegermutter gerät in Rage, als sie dies erfährt. Sie sieht bei Freud immer noch nicht die für eine Familiengründung ausreichende ökonomische Basis. Der Widerstand verschärft sich, als bekannt wird, dass Freud vom 10. August bis zum 10. September einen unbezahlten militärärztlichen Dienst ableisten muss. Da versteht Emmeline Bernays Freuds Hektik nicht mehr: *Lieber Sigi, wenn Du unter den jetzigen Umständen ... auch nur einen Augenblick daran denken kannst, im September zu heiraten, ist das nach meiner Ansicht ein bodenlos unverantwortlicher Leichtsinn ... Hat man einmal vier Jahre gewartet, so kommt es auch auf einige Monate mehr oder weniger nicht an ... Einen Haushalt führen wollen ohne Mittel ist ein Fluch ... Werde vor allem wieder ein vernünftiger Mann, augenblicklich bist Du wie ein verzogenes Kind, dem nicht sein Wille geschieht, da weint es, und glaubt dadurch alles zu erreichen.*[109]

Der Konflikt wird schließlich noch verschärft, als Marthas Bruder Eli, der ihr Erbe in Aktien angelegt hat, vermeldet, dass dies nicht sofort ausbezahlt werden kann. Freud ist außer sich und fordert Martha auf, Eli einen Schurken zu nennen und die Beziehungen zu ihm abzubrechen. Martha lehnt dieses Ansinnen ab. Sie gesteht Freud, *zum ersten und einzigen Male keine Liebe mehr gefühlt*[110] zu haben.

Die Konfliktbeteiligten finden dann doch noch auf einen Lösungsweg zurück. Und es kommen die Geldmittel zustande, die für einen eigenen Hausstand nötig sind.

Der Hochzeit steht nichts mehr im Wege. Die zivile Trauung findet am 13.9.1886 im Wandsbeker Rathaus statt, tags darauf die jüdische, vorgenommen vom Rabbiner Dr. David Hanover. Anschließend gibt es im kleinen Kreis ein Hochzeitsessen.

Wo die Neuvermählten ihre Hochzeitsnacht verbringen, ist nicht bekannt. Ebenso unbekannt ist, wie Martha die erste genitale Vereinigung mit ihrem Sigi erlebt hat. Mit den wissenschaftlichen Worten des späteren Freud ist zu fragen, ob sie im Stadium der Penetration *auch eine archaische Reaktion von Feindseligkeit gegen den Mann*[111] gezeigt hat. Und dann bleibt noch eine Frage: Wie hat Freud, laut Appignanesi von einem starken *Deflorationstrieb*[112] beseelt, seine Trieberfüllung empfunden?

Mit der Hochzeit endet die schmerzvolle vierjährige Zeit des Getrenntseins, die der Nachwelt in 1500 Briefen überliefert ist. Ebenso beendigt ist die harte Probe, auf die die beiden gestellt worden sind.

Nach den Flitterwochen in Lübeck und Travemünde ist Martha wieder dort, wo Freud sie schon immer haben wollte: in Wien.

Freuds junges Eheleben

> Unzweifelhaft ist die geschlechtliche Liebe einer der Hauptinhalte des Lebens und die Vereinigung seelischer und körperlicher Befriedigung im Liebesgenuss geradezu einer der Höhepunkte desselben.
>
> Sigmund Freud

Aus der Fernliebe ist eine eheliche Intimbeziehung geworden, in der *Freuds Zärtlichkeit von einer ebenso großen sexuellen Leidenschaftlichkeit begleitet*[113] ist. Ort des frühen ehelichen Glücks ist eine Vierzimmerwohnung in der Maria-Theresien-Straße 8, wo Martha *mit Hilfe ihrer Mitgift und der Hochzeitsgeschenke ein reizendes Hauswesen aufgebaut hat*[114]. In dieser Mietwohnung befindet sich auch die Praxis, in der noch nicht jene Nachfrage herrscht, die sich Freud wünscht.

In einem Brief an Schwiegermutter und Schwägerin zieht er drei Monate nach der Hochzeit eine erste Bilanz: *Wir sind so heiter, wie es unsere Verhältnisse vielleicht nicht ganz rechtfertigen, aber besser so als das Gegenteil ... Es war doch eine gute Idee von uns, die Heirat nicht länger aufzuschieben, und ich danke jetzt der ganzen Wohnungs-, Einberufungs- und Geldnot, die uns in die Ehe gedrängt hat. Nicht minder erfreulich erscheint es mir, dass wir bisher keine Chance haben, unsere Einsamkeit zu zweien verändert zu sehen. Ich wollte, es bliebe noch einige Jahre so, bis wir uns aus den schwersten Sorgen herausgearbeitet haben.*[115]

Die Hoffnung, dass Martha nicht so schnell schwanger wird, erweist sich als illusionär. Schon bald nach dem Bilanz-Brief ist sie in anderen Umständen. Freuds Lebensfreude wird dadurch nicht getrübt. Rasch gewöhnt er sich an den Gedanken, dass aus dem Eheglück ein Familienglück wird. Gelassen tut er kund: *Vor dem jungen Wesen, das uns den Hausstand stören will, fürchte ich mich gar nicht mehr.*[116] Martha fühlt sich von ihrem Mann gut unterstützt und von einer erwartungsvollen Stimmung getragen.

Am 16.10.1887 ist es soweit. Das Neugeborene wird mit einer Zange auf die Welt gebracht. Freud ist stolz und berichtet sogleich nach Wandsbek: *Es heißt natürlich Mathilde nach Frau Dr. Breuer ... Es wiegt 3400 Gramm, was sehr anständig ist, ist furchtbar hässlich, lutscht von seinem ersten Moment ab an seiner rechten Hand, scheint sonst sehr gutmütig und benimmt sich, als ob es wirklich zu Hause wäre, ... liegt behaglich in seinem Wagen und macht gar nicht den Eindruck, über sein großes Abenteuer unglücklich zu sein. ... Wie kann man über ein fünf Stunden altes Ding so viel schreiben? Ich habe es nämlich schon sehr lieb, obgleich ich es noch nicht bei Licht gesehen habe ...*[117]

Nach der komplizierten Geburt tritt ein neues Problem auf. Marthas Brust gibt nicht genügend viel Milch, weshalb der Dienst einer Amme in Anspruch genommen werden muss. Für Martha eine insgesamt belastende Situation. Bloß nicht schon wieder schwanger werden ist ihr inniger Wunsch. Dem zu entsprechen fällt Sigmund, der Verhütungsmethoden ablehnt, nicht leicht. Denn sie *verkümmern den sexuellen Genuß, stören die feinere Empfindlichkeit beider Teile oder wirken selbst direkt krankmachend*[118]. Es bleibt ihm somit nichts anderes übrig, als sich zunächst sexuell abstinent zu verhalten.

Aus dem zeitlichen Abstand zur Geburt von Martin Freud (7.12.1889) kann geschlossen werden, dass die Abstinenz eine begrenzte Zeitlang gelingt. Die Enthaltsamkeit tut Freud nicht gut, weder körperlich noch seelisch. Wie während der Verlobungszeit bekämpft er die Triebfrustration mit Workaholismus, mit Nikotin und gelegentlich auch mit Kokain. Und irgendwann, vom Trieb übermannt, verkehrt er wieder mit Martha. Denn *bei normaler Vita sexualis ist eine Neurose unmöglich*[119]. Und je häufiger die gemeinsame Sexualität gepflegt wird, desto wahrscheinlicher ist die Empfängnis. So auch bei den Freuds. Martha wird wieder schwanger und bringt am 19.2.1891 Oliver, ihr drittes Kind, zur Welt. Während sie auch diesmal die Schwangerschaft und die Geburt als belastend erlebt hat, scheint Freud dies recht schnell zu verdrängen. Es ist anzunehmen, dass die Sexualpause jetzt nur von kurzer Dauer ist, denn schon ein paar wenige Monate später ist sie erneut gravid.

Ausführlich schildert der Familienvater seiner Schwägerin die Entwicklung seiner Kinder: *Das Gesindel gedeiht sehr gut. Martin ist allerliebst geworden, so zärtlich und gutmütig und recht verständig; er spricht eine ganze Menge von Worten, sagt vieles nach und versteht fast alles ... Oliver schreit noch immer wie besessen, ist aber hübsch und aufmerksam, nimmt 130 gr pro Woche zu und hat ausgezeichnete Leistungen aufzuweisen. Nur mit dem kleinen Frauenzimmer ist es ein Kreuz, sie hat so einen wilden Zug im Gesicht, weiß vor Übermut nicht, was sie anfangen soll, sagt prinzipiell nein auf alle Zumutungen und betrachtet sich jeder Verpflichtung zu gehorchen für überlegen.*[120]

Die konstant zunehmende Familiengröße hat zur Folge, dass die Wohnfläche nicht mehr ausreicht. Die Freuds brauchen dringend eine größere Wohnung. Sie finden diese in der Berggasse 19, im 9. Bezirk. Jetzt ist genügend Platz für die Familie vorhanden. Und es steht auch mehr Raum für die Behandlung der immer größer werdenden Patientenschaft zur Verfügung.

Die ersten Monate im neuen Domizil sind für Martha alles andere als angenehm. Obwohl sie durch die Hausbediensteten genügend Unterstützung erhält, muss die erneut Schwangere viel Mühe auf die Einrichtung der Wohnung und die Neuorganisation des Familienbetriebs verwenden. Erschöpft gebiert sie am 6.4.1892 Ernst, ihren dritten Sohn. Freud teilt dieses Ereignis seiner Schwägerin Minna auf der Rückseite seiner Visitenkarte humorvoll mit: *Dein Neffe Ernst lässt Dich herzlich grüßen. Seine erste Frage heute 8h früh war: Wo ist Tante Minna? Wir haben ihm unterdes die beruhigendste Auskunft gegeben.*[121]

Die von den Anstrengungen der Schwangerschaft und der Geburt gezeichnete Martha fürchtet wiederum, vom Storch vorschnell ins Bein gebissen zu werden. Umgekehrt sehnt sich der triebdeprivierte Ehemann, sein Liebesleben bald wieder aufnehmen zu können. Sowohl die Furcht als auch die Sehnsucht erfüllen sich bald. Im Sommer ist Martha zum fünften Mal schwanger. Es bleibt ihr nichts anderes übrig, als sich in ihr Schicksal zu fügen und das Kind auszutragen.

Am 12.4.1893 endet die fünfte Schwangerschaft. Die kleine Erdenbürgerin heißt Sophie. Lakonisch vermeldet Freud das Geburtsereignis: *Sie kam, schrie – und wurde gewogen und zu leicht befunden ... Sie hat seit gestern Mittag auch schon eine Amme, und die hat sogar Milch, was als Naturspiel betrachtet wird ... Das Haus geht so still und regelrecht weiter, sie ist so gut versehen, braucht eigentlich gar nichts. Von den fünf Kindern ist plötzlich nichts zu spüren. Martha ist selbst einigermaßen überrascht.*[122] Und die von der Gravidität erlöste Martha schreibt ihrer Schwester am 6. Wochenbett-Tag: *... ich bin glücklich, so weit zu sein, das kannst Du Dir wohl denken.*[123]

Lässt Marthas Niederkunft ein baldiges Ende von Freuds leidvoller ehelicher Enthaltsamkeit erhoffen? Mitnichten, sie will endlich einmal länger als bisher von einer Empfängnis verschont bleiben. Aus diesem Grund erbittet sie sich ein sexuelles Schonjahr. Wie aus einem Brief an seinen Freund Wilhelm Fließ hervorgeht, hat Freud Verständnis dafür, *denn seit sechs Jahren, seitdem Kind auf Kind gefolgt ist, hat sich recht wenig Abwechslung und Erholung in ihre Lebensweise einfügen lassen*[124].

Sein Verständnis impliziert nicht, dass sein Trieb mit dieser Abstinenz einverstanden ist. Sein Ich und sein Es geraten darüber miteinander in Konflikt. Während sich Martha zunehmend besser fühlt, geht es Freud im selben Maße schlechter. Die innere Konfliktspannung wandelt sich in psychische und somatische Störungen um. Depressive Verstimmungen, eine erhöhte Infektionsanfälligkeit und vermehrte Herzbeschwerden machen ihm zu schaffen.

Die koronare Symptomatik schreibt Wilhelm Fließ nicht den Auswirkungen seiner Abstinenz zu, sondern seinem übermäßigen Tabakkonsum. Er rät ihm zum Tabakentzug, worauf sich Freud widerwillig einlässt. *Die erhoffte Linderung tritt nicht ein, im Gegenteil das Leid wird größer: Bald nach der Entziehung kamen leidliche Tage ... da kam plötzlich ein großes Herzelend, größer als je beim Rauchen, tollste Arrhythmie, beständige Herzspannung – Pressung – Brennung, heißes Laufen in den linken Arm, etwas Dyspnoe von verdächtig organischer Mäßigung, das alles eigentlich in Anfällen, d. h. über zwei Drittel des Tages in continuo erstreckt, und dabei ein Druck auf die*

Stimmung, der sich im Ersatz der gangbaren Beschäftigungsdelirien durch Toten- und Abschiedsmalereien äußerte.[125]

Wie jede Schonzeit geht auch die Freud'sche zu Ende. Das besondere Merkmal einer Schonzeit ist ja ihre zeitliche Begrenzung. Das Ende ist gut für Freud, denn *Triebbefriedigung ist immer lustvoll*[126], und weniger gut für Martha. Sie ist zum sechsten Mal schwanger, was beileibe nicht ihr Herzenswunsch ist. Wie gehabt, nimmt sie ihr Schicksal hin. Freud verarbeitet die belastende Situation, wie er es in den letzten Jahren praktiziert hat. Am 12.6.1895 schreibt er an Fließ: *Ich brauche viel Kokain. Auch das Rauchen habe ich seit 2–3 Wochen ... wieder in bescheidenem Maß aufgenommen ... Ich habe es wieder aufgenommen, weil es mir immer gefehlt hat (nach 14monatlicher Abstinenz) und weil ich den psychischen Kerl gut behandeln muß, sonst arbeitet er mir nichts.*[127] Eine weitere Form der Selbstbetäubung ist das Therapieren: *Ich bin auf der Höhe der Arbeitsfähigkeit, habe 9–11 Stunden schwerer Arbeit, 6–8 analytische Kuren im Tag, die schönsten Sachen natürlich allerlei Neues.*[128]

Obwohl nicht gesundheitsförderlich, befördert die *Neurosenarbeit*, wie Freud sie nennt, seinen Wohlstand. Die Freuds gehören jetzt zu den wohlhabenden Wiener Mittelschichtfamilien, die sich teure Reisen und Urlaube leisten können.

Am 3.12.1895 geht die Schwangerschaft zu Ende. Kurz zuvor hat er Wilhelm Fließ berichtet: *Martha leidet schon recht erbärmlich. Ich wollt', es wäre vorüber.*[129] Jetzt ist die kleine Anna da. Freud mag sein Annerl sehr. Es ist eine Vater-Tochter-Liebe auf den ersten Blick, die lebenslang dauert. Die Mutter ist aufgrund ihrer Leidensgeschichte und Erschöpfung zu einer solch tiefen Gefühlsbeziehung nicht fähig. Sie braucht längere Zeit, bis sie wieder zu Kräften kommt.

Mit Martha das Liebesleben nochmals aufzunehmen, ist ihm vor dem Hintergrund ihrer Leiden sehr riskant. Und im Übrigen, so seine resignierende Einstellung, *gibt es befriedigenden Sexualverkehr in der Ehe nur durch einige Jahre ...*[130] Dies bedeutet jedoch nicht, dass sein Sexualtrieb tot ist.

Dessen psychische Energie strömt libidinöser denn je. Freud benötigt sie jetzt für die Entwicklung der Psychoanalyse, mit deren Grundideen er seit Jahren schwanger ist.

Auf der Basis seiner Therapieerfahrungen und der Selbstanalyse, die er im Kontext des Briefwechsels mit Wilhelm Fließ durchführt, beginnt er mit dem lebenslang dauernden Bau seines Theoriegebäudes. Jetzt, in der Mitte der 1890er Jahre, ist er sich sicher, dass psychische Störungen durch ins Unbewusste verdrängte Vorstellungen und Erlebnisse, insbesondere sexueller Art, hervorgerufen werden. Und er weiß gleichzeitig auch, dass das Verdrängte durch Techniken wie die freie Assoziation wieder bewusst gemacht und zum Zweck der Heilung gedeutet werden kann. Darüber hinaus entdeckt er Kernkomplexe der Neurose, die

Grundmechanismen des Traumes und den Ödipuskomplex.

In dieser Entstehungsphase der Psychoanalyse kommt es zwischen Freud und seinem Mentor Josef Breuer zum Bruch. Beide sind durch die Analyse der Krankengeschichte von Breuers hysterischer Patientin Anna O. zur Schlussfolgerung gelangt, dass Neurosen psychisch bedingt sind und mittels psychischer Methoden geheilt werden können. Im Gegensatz zu Freud lehnt Breuer eine zentrale Rolle der Sexualität bei der Verursachung der Neurosen ab.

Unbeeindruckt von des Mentors Einwänden setzt Freud seine Entdeckungsreise fort.

Die kreative Pionierarbeit fordert Freud aufs Äußerste. Vor allem die schonungslose Selbstanalyse, die durch den Tod seines Vaters im Jahre 1896 ausgelöst wird, setzt ihm mächtig zu. Er muss das verarbeiten, was aus den Tiefen seines Unbewussten emporsteigt. Er fühlt sich neurotisch gestört. Innere Widerstände machen sich phasenweise in Form von Schreiblähmungen bemerkbar.

Am 27.10. 1897 schildert der Selbstanalysand seine Situation mit ehrlichen Worten: *Alles, was ich als Dritter bei den Patienten miterlebt, finde ich hier wieder, die Tage, an denen ich gedrückt herumschleiche, weil ich nichts vom Traum, von der Phantasie, von der Stimmung des Tages verstanden, und dann wieder die Tage, an denen ein Blitz den Zusammenhang erhellt und das Vorige als Vorbereitung des Heutigen erscheinen läßt.*[131]

Freud arbeitet beharrlich an sich und seiner Seele. Mit gleicher Geduld begleitet ihn sein Zuhörer Wilhelm Fließ. Die Seelenarbeit verhilft ihm zur einer heilsamen Selbstklärung und Stabilisierung. Zufrieden konstatiert er am Ende der 1890er Jahre: *Mir geht es fast gleichmäßig gut.*[132] Bezieht sich diese Aussage auch auf sein Liebesleben, das am seelischen Wohlbefinden aus seiner Sicht doch einen so entscheidenden Anteil hat?

Abschließend sei auf eine bedeutsame Änderung im sich entwickelnden Freud'schen Lehrgebäude hingewiesen. Anfangs hat Freud angenommen, dass alle hysterischen Erkrankungen durch Verführung beziehungsweise durch sexuellen Missbrauch in der Kindheit verursacht sind. Im Kontext dieser Verführungstheorie hegt er auch einen innerfamiliären Verdacht: *Leider ist mein eigener Vater einer von den Perversen gewesen und hat die Hysterie meines Bruders ... und einiger jüngerer Schwestern verschuldet.*[133]

Nach und nach kommen Freud Zweifel an der allgemeinen Gültigkeit seiner Verführungstheorie. Am 21.9.1897 verkündet er: *Ich glaube an meine Neurotica nicht mehr.*[134] Er konstatiert, dass er die Häufigkeit der Vorkommnisse überschätzt hat. Viele der von den Patienten berichteten Verführungsszenen seien Produkte phantasierter Erinnerungen.

Warum kommt es zu diesem Theoriewandel? Möglicherweise, weil nicht sein kann, was nicht sein darf: Sein Vater als Missbrauchstäter und er, Freud, ein Missbrauchsopfer oder auch einer, der die eigenen Kinder sexuell begehrt. Es darf nicht wahr werden, was er geträumt hat. Beispielsweise in dem Traum, in dem er *von überzärtlichen Gefühlen für [seine Tochter] Mathilde*[135] beseelt gewesen ist. Die Theorie, die Freud geschaffen hat, scheint ihm Angst zu bereiten. Nicht nur deshalb, weil sie in der Fachwelt zerpflückt wird.

Später, am Beginn der dreißiger Jahre, kritisiert der Freud-Schüler Sandor Ferenczi die Aufgabe der Verführungstheorie: *Auch Kinder angesehener, vom puritanischen Geist beseelter Familien fallen viel öfter, als man es zu ahnen wagte, wirklichen Vergewaltigungen zum Opfer. Entweder sind es die Eltern selbst, die für ihre Unbefriedigtheit auf diese pathologische Art Ersatz suchen, oder aber Vertrauenspersonen (Onkel, Tanten, Großeltern) Hauslehrer, Dienstpersonal, die Unwissenheit und Unschuld der Kinder mißbrauchen. Der naheliegende Einwand, es handele sich um Sexualphantasien des Kindes selbst, also um hysterische Lügen, wird leicht entkräftet durch die Unzahl von Bekenntnissen dieser Art, von Sichvergehen an Kindern, seitens der Patienten, die sich in Analyse befinden.*[136]

Freuds Seitentrieb

> Für jeden von uns nimmt das Schicksal die Gestalt einer (oder mehrerer) Frauen an.
>
> Sigmund Freud

Freud möchte nach Annas Geburt Martha eine erneute Schwangerschaft ersparen. Zu diesem Zweck wendet er die sicherste Verhütungsmethode an: die Abstinenz. Dadurch, so Freud in seiner späteren Schrift *Die kulturelle Sexualmoral und die moderne Nervosität, schwindet zuerst die körperliche Zärtlichkeit der Ehegatten füreinander, in weiterer Folge meist auch die seelische Zuneigung, die bestimmt war, das Erbe der anfänglich stürmischen Leidenschaft zu übernehmen. Unter der seelischen Enttäuschung und körperlichen Entbehrung ... finden sich beide Teile auf den früheren Zustand vor der Ehe zurückversetzt, nur um eine Illusion verarmt und von neuem auf ihre Fertigkeit, den Sexualtrieb zu beherrschen und abzulenken, angewiesen.*[137]

Genauso wenig, wie Freud bereit ist, auf seinen Rauchgenuss zu verzichten, ist er geneigt, der Sexualfrustration anheimzufallen. Aber wohin fließt jetzt die sexuelle Triebenergie, wenn der Weg zum gewohnten Triebobjekt versperrt ist? Sie wendet sich von ihm ab, orientiert sich seitwärts und wird empfänglich für neue Reize.

In dieses sich neu formierende libidinöse Kraftfeld gerät eine Frau, die Freud alles andere als fremd ist. Es ist keine geringere als seine Schwägerin Minna Bernays. Freud kennt Minna seit jenem Aprilabend im Jahre 1882, an dem er Martha zum ersten Mal begegnet ist. Sie ist vier Jahre jünger als ihre Schwester, von großer Statur, selbstsicher, temperamentvoll und streitbar. Freud findet sie sehr sympathisch. Als Martha ihr erzählt, dass Freud sich nach ihr erkundigt hat, antwortet sie: *Wie lieb, dass der Herr Doktor solches Interesse an uns nimmt.*[138]

Während der Jahre, in denen die Bernays wieder in ihrer norddeutschen Heimat wohnen, korrespondiert Freud nicht nur regelmäßig mit seiner Verlobten, sondern auch mit seiner zukünftigen Schwägerin. Aus der Anrede ihrer Briefe schimmert viel zärtliche Zuneigung durch. Seine Briefe beginnen mit *Mein braves Schwesterchen, Liebes Schwesterchen, Teures Schwesterchen, Mein armes Minning*[139]. Ihre Briefe eröffnet sie mit *Du guter lieber Bruder, Mein geliebter Sigi, Mein lieber Sigi, Mein lieber Schwager*[140]. Dass da Libidinöses hin und her fließt, wird nicht nur in den Anreden deutlich, sondern auch in Textpassagen. So offenbart er ihr in einem Brief am 5.6.1886: *Ich hoffe, Du weißt, wie lieb ich Dich habe …*[141]

Als Freud sie kennen lernt, ist sie bereits verlobt, und zwar mit dem Indologen Dr. Ignaz Schönberg.

Für Freud kein Unbekannter, denn er gehört seinem Freundeskreis an. Diese Liaison nimmt leider einen unglücklichen Verlauf, da ihr Verlobter an Tuberkulose erkrankt. Als keine Aussicht auf Heilung mehr besteht, beendet der Todgeweihte die Verlobung.

In der Zeit nach Ignaz Schönbergs Tod ist Minna an verschiedenen Orten als Gesellschaftsdame und Gouvernante tätig. Während dieser Zeit steht sie in engem und regelmäßigen Kontakt mit ihrer Schwester und ihrem Schwager. Sie schreiben sich zahlreiche Briefe. Und Minna stattet den Freuds immer wieder Besuche ab.

Als im Dezember 1895 nach Annas Geburt aus Marthas Belastung eine Überlastung wird, kommt Minna nach Wien und wird zur unverzichtbaren Familienhelferin. Nach einigen Monaten glaubt Martha, dass nun das Gröbste überwunden ist. Minna zieht nach Frankfurt und nimmt dort eine neue Beschäftigung an. Nach einem Vierteljahr ist diese Episode zu Ende. Martha ruft sie nach Wien zurück. Ohne ihre Schwester kann sie ihr riesiges Pensum nicht mehr bewältigen. Minna wird jetzt zu einer ständigen Mitbewohnerin in der Berggasse 19. Ihr Schlafzimmer liegt direkt neben dem der Freuds. Es ist nur über dieses erreichbar.

Binnen kurzer Zeit erlangt Minna in der Familie Freud eine wichtige Position. Sie unterstützt Martha bei der Regelung des umfangreichen Familiengeschäfts. Sie steht Martha bei, wenn unliebsamen Besuchern und Verwandten Grenzen gezogen werden müssen. Für die Kinder ist sie eine sympathische *Zweit-Mutter*[142].

Für Freud ist die sehr gebildete Frau eine intellektuell herausfordernde Diskussionspartnerin. Am Samstagabend darf sie als einzige weibliche Person an seiner Tarock-Spielrunde teilnehmen. Und er teilt ihr seine beruflichen Erfahrungen und wissenschaftlichen Erkenntnisse mit. Neben Wilhelm Fließ ist sie die Person, die aus allernächster Nähe den Werdeprozess der Psychoanalyse begleiten und miterleben darf.

Schließlich wächst Minna noch eine Rolle zu, die man als die der mit Freud reisenden Nebenfrau bezeichnen könnte. Ihr Schwager ist nämlich ein reiselustiger Mensch, der einen umtriebigen und strapaziösen Reisestil pflegt. Martha kommt damit nicht zurecht. Sie zieht es vor, sich möglichst an einem Ort zu erholen, so wie es in den ersten Ehejahren der Fall gewesen ist. Folglich wird die stressresistente Schwägerin zur Reisebegleiterin, da sie die Art und Weise, wie Freud reist, mag und verträgt. Eine Vorübung zu diesem Rollenspiel findet im Juni 1898 statt. An einem Wochenende unternimmt er mit Minna eine Kurzreise nach Salzburg und Bad Reichenhall mit Übernachtung. Es geschieht nicht heimlich, sondern Freud informiert darüber seine Frau, die mit den Kindern schon im Sommerquartier in Aussee weilt: *Ich kündige dir an, dass ich ungetreuerweise heute abends nach Salz-*

burg fahre, wo ich Minna treffe und Sonntag in Reichenhall zubringe.[143]

Freuds Schwägerin Minna Bernays

Einige Wochen später, am 4.8.1898, tritt er mit Minna eine größere Reise an. Ziel ist das schweizerische Engadin. Die Triebfeder dieser Extratour scheint nicht nur die Reiselust zu sein. Längere Zeit schon hat festgestanden, dass er diese mit seinem Bruder Alexander unternehmen wird. Dann sagt ihm Freud plötzlich ab, und zwar mit dem Argument, Alexander habe sich über sein stressiges Reiseprogramm beschwert.[144]

Zum Reiseziel möchten die beiden über mehrere Zwischenstationen mit Übernachtungen gelangen. Von unterwegs senden sie Martha Reisebriefe und Postkarten. Am 6.8.1898 ergeht an sie ein Brief aus Landeck in Tirol, dessen erster Teil von Freud verfasst ist: *Mein Theurer Schatz ... Das Hotel Post in Landeck will Minna gar nicht verlassen, so gut gefällt es ihr. Ich werde sie schon ordentlich herumtreiben. Ich verstehe immer mehr, dass die Leute Euch verwechseln. Sie ist recht ähnlich wie Du ...*[145] Minna fügt einen ergänzenden Teil hinzu: *Liebstes Herz! Wir wären also glücklich so weit, jede Nacht in einem anderen Bett zu schlafen, was ja Sigis Ideal ist. Er sieht unberufen großartig aus und ist kreuzfidel, natürlich ganz ruhelos ...*[146]

Aus den weiteren Botschaften wird eine sich stetig steigernde Stimmung sichtbar, die der eines entspannt flitternden Paares gleicht.[147] Sie genießen die herrlichen Landschaften und Ausblicke. Sie delektieren sich abends an wohlschmeckenden Speisen und Weinen. Der sonst eher zurückhaltende Freud parliert ungezwungen mit anderen Hotelgästen. Minna freut sich darüber, wie ihr Äußeres auf Freud wirkt: *Ich paradiere endlich im Flanellkleid und sämtlichen Schmückern, und Sigi findet mich natürlich immer hochelegant ...*[148]

Wer sich darüber jetzt Gedanken macht, wie die beiden logieren, muss Folgendes wissen: Freud, der ansonsten seine Reisen minutiös organisiert, ist diesmal erstaunlich spontan. Die Hotelzimmer werden nicht im Voraus gebucht, sondern erst nach der Ankunft am jeweiligen Ort wird das gesucht, wo Mann und Frau sich betten. Laut den Briefen sind es Einzelzimmer, so wie es die bürgerliche Sexualmoral vorschreibt. Aber selbst wenn dies zutreffen sollte, wissen wir nicht, ob dies den Beischlaf verhindert hat. Denn wer zusammen will, kommt zusammen. Des Weiteren ist die Frage berechtigt, ob es nicht doch auf dieser Reise eine Übernachtung gegeben hat, bei der die Vortäuschung der keuschen Einzelzimmer-Buchung nicht vonnöten gewesen ist. Der Schelm, der dieses Böse denkt, hat Recht.

Hotel Schweizerhaus in Maloja

106 Jahre später macht der Psychoanalytiker und Freud-Forscher Franz Maciejewski im wunderschönen Engadiner Dorf Maloja eine sensationelle Entdeckung. Aus dem Gästebuch des Hotels Schweizerhaus rekonstruiert er, dass Freud dort vom 13.8. bis zum 15.8.1898 mit Minna zwei Nächte im Doppelzimmer Nr. 11 verbracht hat. Der die Buchung bestätigende Eintrag lautet: *Dr Sigm Freud u Frau.*[149]

Während im fernen Aussee Martha und die Kinder die Sommerfrische genießen, ist Freud alles andere als abstinent. Sein Ich kapituliert vor seinem sexuellen Begehren, mag sein Über-Ich auch noch so warnen. Der Augenblick, er ist so schön – für ihn und wohl auch für Minna.

Ist sich der Sexualforscher Freud eigentlich der Urwurzel dieser Untreue bewusst? Minna hat ohne Zweifel sehr viel Ähnlichkeit mit seiner Mutter Amalie, äußerlich und seelisch. Dieses ödipale Erinnerungsbild, verknüpft mit seiner Sexualnot, hat das sexuelle Begehren entscheidend gesteuert. *Die Objektfindung ist eigentlich eine Wiederfindung.*[150]

Nach den beiden Liebesnächten reisen die beiden libidinösen Geheimnisträger zurück nach Aussee. Unterwegs befinden sich die beiden in einem Zustand *lähmungsartiger Schwäche*[151]. Ist dies die Folge des erschöpfenden Sexualgenusses? Werden sie durch Schuldgefühle geschwächt? Lähmt sie die Angst vor Marthas möglicher Investigation? Ob letztere stattgefunden hat, ist nicht bekannt. Dass Martha sich zumindest innerlich Fragen gestellt hat, ist anzunehmen. Und dass die daraus entstandenen Phantasien und Gefühle nicht gut gewesen sind, ist ebenso wahrscheinlich.

Als will er etwas wiedergutmachen, bricht Freud 14 Tage nach der Ankunft in Aussee erneut zu einer Reise auf, diesmal mit Martha. Reiseziel ist die dalmatinische Küste. Von Beginn an fühlt sich Martha nicht wohl. Ihr Magen ist verstimmt. Anzunehmen ist, dass die Ahnung dessen, was sich auf der Engadin-Reise ereignet hat, ihr auf den Magen geschlagen ist. Die Vermutung ergibt sich aus dem Inhalt einer Ansichtskarte, die Freud am 9.9.1898 an Minna gesandt hat: *Ich habe noch keine Lust nach Hause zu kommen. Ma [rtha] glaube ich wird vor Unwohlsein [früher] bei Euch sein. Wetter herrlich. Martha sehr brav. Straft aber mit Verachtung.*[152] Letzteres ist möglicherweise so zu verstehen, dass sie ihn aus ihrer Seele verbannt hat, sich in Stillschweigen hüllt, ihn ignoriert. In diesem angespannten Zustand fahren sie nach Meran, wo sich Freud von seiner Frau trennt. Nach offizieller Lesart kuriert sie dort ihr Reiseleiden aus.

Derweil besichtigt Freud verschiedene oberitalienische Städte. Er meldet sich aus Brescia per Postkarte: *Ich hoffe Dich in Meran erholt.*[153] Die Hoffnung erfüllt sich nicht, denn als Martha wieder in Wien ist, befällt sie ein Dickdarmkatarrh mit blutigen Durchfällen.[154] Die Kränkung viruliert immer noch in ihrer Seele. Es dauert längere Zeit, bis die Kranke allmählich rekonvalesziert. Möglicherweise resigniert sie auch und fügt sich ein in das Schicksal dieser Triangulation.

Der Rekonvaleszentin kommt zupass, dass im Jahr 1899 Freud nicht mit Minna verreist. Jetzt konzentriert er seine Libido auf ein nichtsexuelles Ziel. Sein psychoanalytisches Schlüsselwerk *Die Traumdeutung* muss vollendet werden. Vom Frühjahr an schreibt er unaufhörlich. Wichtige Teile verfasst er im Sommerurlaub, den die Familie auf dem Berchtesgadner Hofgut Riemerlehen verbringt. Schreibort ist das Gartenhäuschen. Er schreibt stundenlang, bis ihm die *Hand den Dienst versagt*[155]. Am 11. September vermeldet er seinem Freund Wilhelm Fließ die Fertigstellung des Manuskripts. Gleichzeitig outet er sich mit einem Erschöpfungssyndrom. Der Preis der Sublimierung?

Im Jahr 1900 begnügt sich Freud nicht mit einer stationären Sommerfrische. Er möchte wieder so verreisen, wie er es mag. Sein *Herz zeigt nach dem Süden*[156].

Anfang August, nach einem Treffen mit Wilhelm Fließ, bricht er mit Martha nach Südtirol auf, wo sie sich unter anderem in Trafoi und Meran aufhalten. Nach der letzten Station, einer Wagenfahrt durch das Nonstal, kehrt Martha allein nach Wien zurück. Dort verbringt der Rest der Familie auf der Bellevue-Höhe die Sommerfrische. Währenddessen trifft er sich in Venedig und am Ossiacher See mit Verwandten. Danach ist Minna wieder seine Reisepartnerin. Freud hat darauf sehnlichst gewartet. So klingt es in einem

Brief an Wilhelm Fließ an: *Endlich – wir sind beim 26. August – kam die Ablösung; ich meine Minna ...*[157] Die Reise dauert vom 27.8. bis zum 10.9.1900. Sie führt durch den Trentino und Südtirol.

Der längste Zwischenaufenthalt findet im Hotel du Lac in Riva am Gardasee statt. Von dort schreibt Freud an Martha mit der Anrede *Geliebte Alte*[158], dass sie in zwei Zimmern logieren. Warum hebt er dies hervor? Will er dem Aufleben alter Vermutungen vorbeugen? Soll diese Transparenz Martha beruhigen?

Obwohl sich Freud und Minna im Großen und Ganzen wohl fühlen, haben sie ein Problem. Wie es der Zufall will, sind unter den Hotelgästen Wiener Professoren, von denen Freud einige kennt. Er macht sich seinen Vers drauf, was die über ihn und seine Reisebegleiterin denken. Ihm bleibt nur eine Strategie: *Als Nichtprofessor u mit der nicht richtigen Frau behaftet, halte ich mich möglichst ferne.*[159]

Die zweite große Reise mit Minna endet in Meran. Minna bleibt dort, um einen Lungenspitzenkatarrh auszukurieren. Freud fährt nach Wien zurück. Sehr zufrieden dokumentiert er seinen Zustand: *Ich bin unverschämt fidel und wohl in Wien angelangt, habe mein Volk heiter angetroffen, und noch am nämlichen Tag bin ich ins Geschirr gegangen. Es gab wider Erwarten zu tun; die ersten 200 fl [1186 €] sind rasch verdient worden. Wollen sehen, was weiter kommt.*[160]

Freud ist froh darüber, dass er Martha und die Kinder in einer emotional entspannten Atmosphäre angetroffen hat. Krank machende Vermutungen scheinen Martha diesmal nicht zu quälen. Unbelastet von Schuldgefühlen kann sich Freud an ein neues Werk machen. Sein Titel lautet: *Zur Psychopathologie des Alltagslebens. Über Vergessen, Versprechen, Vergreifen, Aberglaube und Irrtum*[161]. Darin zeigt Freud unter anderem auf, wie das Unbewusste sich in Form von Fehlleistungen verrät. Gut, dass Martha mit der Psychoanalyse nichts am Hut hat, sonst könnten Sigis Fehlleistungen ihre Vermutungen neu nähren.

Das Buch erscheint 1901 und wird in der Folgezeit zum bekanntesten Werk Freuds werden. Der Begriff *Freud'sche Fehlleistung* rekurriert darauf und wird bald in aller Munde sein. Freud geht es gut, sein berufliches Schaffen erfüllt ihn mit viel Sinn. Weniger gut fühlt sich in diesem Jahr Minna. Sie laboriert an Magen-, Darm und Herzerkrankungen, deren Ursachen sich nicht genau diagnostizieren lassen. Offensichtlich schlagen sich ihre Gewissensbisse in den Körpersymptomen nieder. Freud macht Minnas Erkrankung zu schaffen, denn als Fachmann wird ihm die Ätiologie nicht unbekannt sein.[162] Dieses Jahr verbietet sich eine Reise mit ihr von selbst. Da Freuds zentrifugaler Trieb so stark wie zuvor ist, ist eine Reise unverzichtbar. Sein Sehnsuchtsziel ist Rom. Dorthin tourt er mit seinem Bruder Alexander, dessen Reiseeignung heuer nicht zur Debatte steht.

Rom ist für Freud *überwältigend und die Erfüllung eines ... lange gehegten Wunsches ... ein Höhepunkt des Lebens*[163]. Die ewige Stadt okkupiert seine psychischen Energien dermaßen, dass er beinahe die Seinen vergisst: *Bei dem Risotto habe ich endlich an Euch denken müssen!*[164]

Diese libidinöse Besetzung des Südens hat auch 1902 Bestand. Es ist das Jahr, in dem Kaiser Franz Joseph I ihn zum außerordentlichen Professor ernennt. Eine Wertschätzung, auf die er seit langem gewartet hat. Ausgestattet mit dieser neuen Ehre reist er wieder gen Italien, auch diesmal von seinem Bruder Alexander begleitet. Primäres Reiseziel ist jetzt nicht Rom, sondern es locken Neapel und das sonnige Sorrent. Die Familie inklusive Minna wird durch Ansichtskarten und Briefe über das Reisegeschehen unterrichtet. Aus einem Schreiben leuchtet durch, dass Freuds Libido nicht mehr ausschließlich auf die Reise zentriert ist: *Ich freue mich, dass es so gut geht, u [es] so gar nichts bei Euch giebt. Jetzt möchte ich auch bald von Minna's Reiseplänen hören, vielleicht kann ich sie noch in Bozen treffen, denn dass ich bis zum letzten Tag in diesem Backofen bleibe, ist doch nicht wahrscheinlich.*[165]

Die Verabredung in Bozen kommt nicht zustande. Minna reist von dort nach Venedig, wo sie die beiden Rückreisenden trifft und mit ihnen direkt nach Wien heimfährt.

Die nächste Gelegenheit, mit Minna allein zu verreisen, ergibt sich im Jahr 1903. Martha ist damit wohl einverstanden. Sie hat sich dem Schicksal einer einseitig geöffneten Ehe unterworfen. Akute seelische Schmerzen wie damals nach der Engadiner Reise werden nicht manifest, weder sprachlich noch körperlich. Im September verbringen Freud und Minna eine Woche in München und Nürnberg. Dort herrscht eine so starke spätsommerliche Hitze, dass sich die beiden kurzer Hand zu einem Ortswechsel entschließen. Ihr neues Ziel ist Südtirol. Am 16.9.1903 verfasst Sigi an die *Geliebte Alte* einen Brief: ... *draußen rauscht die Passer zum Einschlafen, auf den Bergen liegt dicker weißer Schnee, die rotbackigen Äpfel frieren wie wir, aber wir sind in Meran u sehr froh, wieder im Savoy aufgenommen zu sein ... Wir warten Tag für Tag auf die Aufhellung; wozu waren wir denn nach Südtirol gegangen?* ...[166] Ein konfliktpräventiver Hinweis auf das Bewohnen von Einzelzimmern erfolgt diesmal nicht. Will man sich das Lügen ersparen, um nicht zusätzliche Schuldgefühle hervorzurufen? Am Ende seines Schreibens gibt Freud der Hoffnung Ausdruck, dass Martha die *heitere Stimmung aus den Ferientagen*[167] konservieren kann. Wo ist sein Einfühlungsvermögen in diesem Augenblick?

Am 20.9.1903 endet Freuds dritte Reise mit Minna. Die Ungezwungenheit des Reisens ist vorbei. Der Alltag hat ihn wieder und zwingt ihn in einen strengen Ablauf. Von 8.00 bis 12.00 Uhr Analysen. Um 13.00 Uhr Mittagessen, danach Spaziergang und Erledigungen in der Stadt. Von 15.00 bis 21.00 Uhr wieder Analysen. Zunächst Abendessen und hinterher

Spaziergang mit Café-Besuch. Abschließend Lesen, Korrespondenz, schriftstellerische Arbeit. Schlaf frühestens ab 1.00 Uhr morgens.

Es verwundert nicht, dass Freud bei diesem hohen Arbeitsdruck schon Monate vorher den nächsten Urlaub herbeisehnt. Für ihn ist es *ein Ausdruck des Wunsches, jenem Druck zu entkommen, verwandt dem Drang, der so viele halbwüchsige Kinder dazu antreibt, von Hause durchzugehen*[168]. Objekt seiner Sehnsucht ist im Jahr darauf Griechenland. Zur griechischen Antike hat er eine intensive geistig-seelische Beziehung. Er ist ein hervorragender Kenner der griechischen Kulturgeschichte. Er besitzt eine Menge griechisch-antiker Kleinkunst. Und er kreiert psychoanalytische Begriffe in Anlehnung an die griechische Mythologie wie zum Beispiel Eros, Thanatos oder Ödipuskomplex.

Mit Geist und Seele sucht er im Spätsommer 1904 das Land der Griechen auf. Bei einem solchen Vorhaben sind niedere Triebregungen unerwünscht, weshalb für diese Reise die Nebenfrau als Begleiterin nicht in Betracht kommt, sondern wieder einmal der Bruder Alexander. Von Triest aus gelangen sie mit dem Schiff nach Athen. Während der Passage beobachtet Freud interessiert das Geschehen an Bord. Er entdeckt unter den Reisenden den berühmten archäologischen Bauforscher Wilhelm Dörpfeld, einen Mitarbeiter Heinrich Schliemanns. Er macht sich lustig über Damen, *die 4mal am Tag die Toilette wechseln*[169]. Und er studiert die multikulturelle Vielfalt der Schiffsgesellschaft.

Als die beiden Antikliebhaber schließlich in Athen ankommen, sind sie ähnlich entzückt wie zwei Jahre zuvor in Rom. Besonders angetan sind sie von der Akropolis: *Sie übertrifft alles was wir je gesehen u was man sich vorstellen kann.*[170]

Nach der Befriedigung seiner kulturellen Neugier stürzt sich Freud wieder in seine therapeutische und schriftstellerische Arbeit. In den nächsten Monaten vollendet der Textbaumeister drei bedeutsame Werke: die *Drei Abhandlungen zur Sexualtheorie*[171]; *Der Witz und seine Beziehung zum Unbewussten*[172], aus seiner Sicht *ein Seitensprung der Traumdeutung*[173]; *Bruchstück einer Hysterie-Analyse*[174], die erste seiner sechs großen Patientengeschichten.

Freuds Es wünscht sich jetzt wohl keine weitere Sublimierung. Und so verknüpft er seine Reiselust wieder einmal mit dem Begehren nach Minna. Mit ihr unternimmt er vom 3.9.1905 bis zum 23.9.1905 eine Reise durch Oberitalien. Stationen sind Mailand, Bellagio am Comer See, Pallanza und Stresa am Lago Maggiore sowie Genua. Die Übernachtungen finden meist in kleinen Hotels statt. Große Hotels meiden sie *in heiliger Scheu*[175]. Ein möglicher Grund ist, dass sie nicht wie vor fünf Jahren in Riva mit bekannten Wienern zusammentreffen möchten.

Schwager und Schwägerin sind in bester Stimmung. Diesen Eindruck vermitteln sie in ihren Reisegrüßen: *Sigi sehr wohl und fidel, Minna ist sehr wol u frisch, Sigi sehr wohl, sieht glänzend aus.*[176]

Was sind die Auslöser dieses Wohlbefindens? Welchen Anteil hat die Sexuallust? In Annäherung an das Ende der Reise leiden beide daran, dass sie in Kürze aus ihrem kleinen Paradies vertrieben werden. Minna drückt dies durch einen Migräneanfall aus. Freud jammert in einem Reisebrief an seinen Bruder Alexander über die *Rückkehr in das gemeine Menschenleben*[177].

Im Jahre 1906 plant Freud keine Reise mit Minna. Erst einmal genießt er die Gratulationen, die ihm anlässlich seines 50. Geburtstags zuteil werden. Besonders gerührt ist er von einem Geschenk seiner Psychologischen Mittwochsgesellschaft, deren Mitglieder sich seit 1902 regelmäßig in der Berggasse 19 zum fachlichen Austausch treffen. Von diesen Kollegen bekommt er eine ihm zu Ehren gefertigte Medaille geschenkt. Auf ihrer Rückseite ist ein Satz aus Sophokles' *König Ödipus* eingraviert: *Der das berühmte Rätsel löste und ein gar mächtiger Mann war.*[178]

In solch einem Festjahr darf die Harmonie nicht gestört werden. Und so verbringt er den Urlaub zusammen mit seiner Familie, zunächst im trentinischen Lavarone und anschließend in Riva am Gardasee. Vielleicht möchte er auch demonstrieren, dass an dem Gerede, das über seine besondere Beziehung zu Minna kursiert, nichts dran ist. Zu diesem Gerede gehört auch ein ironischer Ausspruch, der von Oskar

Rie, Freund und Hausarzt der Freuds, stammt: *Wegen der Kinder ging er zu Martha, für das Vergnügen nahm er Minna.*[179]

Ungeachtet dieser Spekulationen über sein Triebleben wächst Freuds fachlicher Ruf stetig weiter. Immer mehr Jünger reisen nach Wien, um mit dem großen Psychoanalytiker Kontakt aufzunehmen und von ihm zu lernen. Darunter ist auch der Züricher Psychiater Carl Gustav Jung, der im Februar 1907 zusammen mit seiner Frau Emma nach Wien kommt.

Als Freud das Ehepaar Jung im Hotel abholt, verwirrt er die beiden mit einer unerwarteten Bemerkung über Martha: *Es tut mir leid, dass ich Ihnen keine richtige Gastfreundschaft bieten kann. Ich habe zu Hause nur eine ältliche Ehefrau.*[180] Was heißt ältlich? Meint er damit ihren Status als Hausfrau? Oder ihre erloschene Libido? Trotz dieser Abqualifizierung begegnen die Jungs Martha Freud unvoreingenommen. Emma Jung empfindet für sie viel Zuneigung, woraus sich eine herzliche Korrespondenz entwickelt.

Minna ist am ersten Tag des Freud-Jung-Treffens nicht anwesend. Aber kurze Zeit danach macht sie sich mit Jung bekannt. In einem Vieraugengespräch schüttet sie ihr Herz aus und offenbart ihm ihre Liaison mit dem Schwager. Dem amerikanischen Psychologen John Billinsky erzählt Jung dieses Ereignis: *Bald lernte ich die jüngere Schwester von Freuds Frau kennen. Sie war sehr hübsch, und sie wusste nicht nur genug über die Psychoanalyse, sondern über alles, was Freud tat. Als ich einige Tage danach Freuds Laboratorium besuchte, fragte mich Freuds Schwägerin, ob sie mit mir sprechen könne. Sie war sehr beunruhigt durch die Beziehung zu Freud und fühlte sich schuldig. Von ihr erfuhr ich, dass Freud in sie verliebt war und dass ihre Beziehung tatsächlich sehr intim war. Es war eine schockierende Entdeckung für mich, und noch jetzt erinnere ich mich an die Qual, die ich damals empfand.*[181]

Minnas Schuldgefühle reichen nicht aus, um die Intimbeziehung zu beenden. Ein halbes Jahr nach ihrer Beichte lässt sie sich wieder auf eine Extratour mit Sigi ein. Ausgangspunkt ist Bozen, wohin Minna aus Karlsbad anreist. Dort werden die ersten drei Tage verbracht. Per Postkarte berichtet Freud, dass Minna *sehr gut aussieht u sich recht erholt hat*[182]. Minna fügt ihren Eindruck von Sigi hinzu: *Finde ihn sehr frisch.*[183] Erst einen Tag später wird das endgültige Reiseziel festgelegt: über Florenz nach Rom. In der Stadt am Arno erleben die beiden eine Überraschung. Es läuft ihnen völlig unerwartet der Freud-Jünger und Psychiater Max Eitington über den Weg. Was dem wohl durch den Kopf geht?

In Florenz geschieht dann etwas Seltsames. Minna steigt aus der Reisepartnerschaft aus und begibt sich auf einen anderen Reiseweg. Sie zieht es nach Meran. Was ist der Grund? Vordergründig soll es die Nachricht vom Tod einer Bekannten sein, die sie in einer Zeitung entdeckt hat. Hintergründig könnte es etwas anderes sein. Die Begegnung mit Eitington? Die Schuldgefühle? Ein Intimkonflikt?

Freud setzt seine Reise ohne Minna fort. In Rom kommt er am 17.9.1907 an. Sublimierend begibt er sich ins antike Sightseeing. Zwischendurch betreibt er auch Beobachtungsstudien. Ein Resultat lautet zum Beispiel: *Die Frauen in dieser Menge sind sehr schön, insoweit sie nicht Fremde sind, die Römerinnen sind merkwürdigerweise auch noch schön, wenn sie hässlich sind, und das sind eigentlich nicht viele von ihnen.*[184] Zu einem Stelldichein mit einer Donna kommt es wohl nicht, denn er klagt über die abendliche Einsamkeit und freut sich auf das Wiedersehen.

Ob nach Freuds Rückkehr die florentinische Trennung thematisiert worden ist und, falls ja, wie, ist nicht bekannt. Wahrscheinlich findet eine rasche Verdrängung statt. Das Ereignis hat auch nicht zur Folge, dass die Zeit der Extratouren vorbei ist. Freud und Minna drängt es im Jahr 1908 zur Wiederholung. Bevor es dazu kommt, unternimmt Freud von Ende August bis Mitte September eine Reise nach England. Einen Teil des Aufenthalts verbringt er *mit seinen Halbbrüdern Emanuel und Philipp in Manchester, Blackpool und anderen Orten*[185], die übrige Zeit weilt er allein in London. Von dort aus reist er über Berlin nach Zürich zur Familie Jung. Am 18.9.1908 schreibt er an Martha: *Es macht sich alles sehr befriedigend. Ich bleibe bis Montag abs hier, fahre dann nach Desenzano, wo ich Minna treffen will, um mit ihr noch die letzten*

Tage am Gardasee zu verbringen.[186] Hat Martha davon zuvor nichts gewusst? Wahrscheinlich nicht. Ihren Wunsch nach baldiger Rückkehr kommentiert er ironisch mit dem Wort *Einberufung*[187].

Am Gardasee lassen die beiden Wiedervereinigten es sich gut gehen. Sie sind heiter gestimmt. In einem Brief vom 25.9.1908 berichtet Freud, dass Minna gerade Siesta macht, und zwar *in ihrem Zimmer*[188]. Soll dieses Possessivpronomen beruhigen beziehungsweise einen Verdacht verhindern?

Am 29.9.1908 sind Freud und Minna zurück in der Berggasse 19, wo sie das Familiensystem wieder komplettieren. Wahrscheinlich werden Martha und die Kinder, wie immer nach einer solchen Rückkehr, mit Erzählungen und Mitbringseln überhäuft. Und die voll auf Harmonie bedachte Martha wird wohl keine Fragen stellen, die Konflikte erzeugen könnten. Was sie irritiert, wird sie in ihrer Seele belassen.

Dass er wieder einmal mit Minna weg gewesen ist, wirkt sich auf Freuds Seelenleben nicht störend aus. Was ihn momentan innerlich beschäftigt, ist die Beziehung zu Jung. Diesen hat er zwar zu seinem Kronprinzen ernannt, muss aber immer wieder feststellen, dass die notwendige Konformität mit dem Freud'schen Denken fehlt. Der Züricher Psychiater ist nicht der Meinung, dass die infantile Sexualität die zentrale Rolle bei der Ätiologie psychischer Störungen spielt. Er kann sich auch nicht mit der Theorie vom Ödipuskomplex anfreunden. Und er lehnt den psychoanalytischen Libidobegriff ab. Libido resultiert für ihn nicht ausschließlich aus dem Sexualtrieb, sondern ist eine allgemeine Lebensenergie. Trotz dieser Differenzen auf der Sachebene fühlen sich die beiden emotional noch tief verbunden.

Die enge Gefühlsbindung hat zur Folge, dass der Kronprinz seinem Meister persönliche Dinge anvertraut. Das intimste Bekenntnis ereignet sich Anfang März 1909. Jung hat 1904 die Behandlung einer psychotischen Patientin begonnen, die aus Rostow in Russland stammt. Nach ihrer Heilung beginnt sie nicht nur ein Medizinstudium, sondern sie lässt sich auf eine Liebesbeziehung mit ihrem Analytiker ein. Ihre Eltern werden mittels eines anonymen Briefes, wahrscheinlich von Emma Jung verfasst, über die Affäre informiert. Daraufhin begibt sich die schockierte Mutter nach Zürich, um Jung zu konfrontieren. Dieser entzieht sich zwar dem Gespräch, beendet aber die Beziehung.

Jung weiß sich nicht mehr selbst zu helfen und offenbart Freud in einem Brief seine missliche Situation: *Sie [Sabina Spielrein] machte mir einen wüsten Skandal ausschließlich deshalb, weil ich auf das Vergnügen verzichte, ihr ein Kind zu zeugen. Ich bin immer in den Grenzen des Gentleman ihr gegenüber geblieben, aber vor meinem etwas empfindsamen Gewissen fühle ich mich doch nicht sauber, und das schmerzt am meisten, denn meine Absichten waren immer rein gewesen.*

Aber Sie wissen es ja, dass der Teufel auch das Beste zur Schmutzfabrikation verwenden kann.[189]

Freud zeigt Verständnis und beruhigt seinen Kronprinzen: *Verleumdet und von der Liebe, mit der wir operieren, versengt zu werden, das sind unsere Berufsgefahren, derentwegen wir den Beruf wirklich nicht aufgeben werden.*[190]

In einem späteren Brief plaudert Freud noch aus seinem Nähkästchen: *Solche Erfahrungen, wenngleich schmerzlich, sind notwendig und schwer zu ersparen ... Ich selbst bin zwar nicht ganz so hereingefallen, aber ich war einige Male nahe daran und hatte a narrow escape ... Es wächst einem so die nötige harte Haut, man wird der ‚Gegenübertragung' Herr ...*[191]

Dann wendet sich Sabina Spielrein ebenfalls an Freud und verlangt ein Gespräch. Er erfüllt ihren Wunsch nicht, weil er zunächst nochmals Jungs Konfliktsicht hören möchte. Prompt schreibt sie ihm einen Klage-Brief. Auf diesen geht Freud ein. Er lehnt es jedoch ab, Jung zu sanktionieren und gibt ihr folgenden Rat: ... *so möchte ich Sie zur Selbstprüfung auffordern, ob die Gefühle, welche diese Beziehung überdauert haben, nicht etwa verdienen, unterdrückt und erledigt zu werden, in der eigenen Seele meine ich und ohne äußere Aktion und Heranziehung dritter Personen.*[192] Freuds Lösungsmodell wird tatsächlich umgesetzt. Der Skandal findet nicht statt. Jung dankt seinem Meister mit großer Erleichterung.

Kurz danach erfährt Freud, dass Jung ebenso wie er zum 20-jährigen Gründungsjubiläum der Clark University in Worcester (USA) eingeladen worden ist, um dort Gastvorlesungen abzuhalten. Beide entschließen sich, die Reise gemeinsam zu unternehmen. Als dritter Reisegefährte kommt der ungarische Psychoanalytiker Sandor Ferenczi hinzu. Während dieser siebenwöchigen Reise stößt Jung auf einen merkwürdigen Widerstand: *Gleich von Beginn der Reise an fingen wir an, jeder die Träume des anderen zu analysieren. Freud hatte einige Träume, die ihn sehr beunruhigten. Die Träume waren über das Dreieck – Freud, seine Frau und die jüngere Schwester seiner Frau. Freud hatte keine Ahnung, dass ich von dem Dreieck und seiner Beziehung zu seiner Schwägerin wusste. Und als er mir von dem Traum erzählte, in dem seine Frau und ihre Schwester wichtige Rollen spielten, bat ich ihn, mir einige seiner persönlichen Assoziationen mit dem Traum zu erzählen. Er sah mich voller Bitterkeit an und sagte: ‚Ich könnte Ihnen mehr sagen, aber ich kann meine Autorität nicht riskieren'.*[193]

Freuds Widerstand ist kein unbewusster. Er wehrt sich ganz bewusst gegen den Blick hinter die Fassade seiner Scheinmoral. Sein persönlicher Schatten darf nicht erhellt werden, schon gar nicht von einem Jünger. Freud weiß nicht, was Jung weiß. Und er weiß auch noch nicht, dass er seine Autorität, die er zu wahren glaubt, in diesem Moment bei Jung verloren hat.

Das emotionale Bindemittel, das die beiden bisher zusammengehalten hat, verliert an Wirkung. Dennoch lässt sich Jung 1910 auf Vorschlag Freuds in Nürnberg zum ersten Präsidenten der Internationalen Psychoanalytischen Vereinigung wählen. Freud arrangiert dies nicht aus alter Liebe, sondern aus Kalkül. Er hofft, mit einem nichtjüdischen Präsidenten mehr Sympathie für die Psychoanalyse bewirken zu können. Trotz dieser Inthronisierung verschärfen sich die Auseinandersetzungen zwischen Vater und Sohn. Ein Konfliktthema löst das andere ab. Die Nerven liegen blank. Als Jung von Freud auf eine Fehlleistung in einem Brief hingewiesen wird, reagiert dieser sofort mit einer scharfen Entgegnung: *Ich möchte Sie aber darauf aufmerksam machen, dass Ihre Technik, Ihre Schüler wie Ihre Patienten zu behandeln, ein Missgriff ist. Damit erzeugen Sie sklavische Söhne und freche Schlingel (Adler-Stekel ...) ... Unterdessen bleiben Sie immer ganz oben als Vater.*[194]

Genauso wie mit Adler bricht Freud auch mit Jung. Er möchte sich künftig nicht mehr mit Abweichlern auseinandersetzen. Ein 1912 von Ernst Jones und seinen treuesten Anhängern gegründeter innerer Zirkel, *Geheimes Komitee* genannt, unterstützt den Meister bei der Aufrechterhaltung und Weiterentwicklung seiner Professionsmacht. Dafür bekommen die Jünger von ihm einen Ring mit einer antiken Gemme geschenkt.

Allmählich scharen sich auch Frauen um Freud, die ihm ihre Sympathie bezeigen und seine Lehre bereitwilliger akzeptieren als manche männliche Analytiker. Die erste im Bunde ist Lou Andreas-Salomé, Schriftstellerin aus deutsch-russischer Herkunft. Freud ist ihr auf dem Dritten Internationalen Psychoanalytischen Kongress, der im September 1911 in Weimar stattfand, zum ersten Mal begegnet. Den Weg dorthin fand sie in Begleitung des schwedischen Nervenarztes und Freudianers Poul Bjerre. Nach diesem Treffen entschloss sie sich, Psychoanalytikerin zu werden. Aus diesem Grund kommt sie nach Wien. Vom Oktober 1912 bis zum April 1913 lebt sie in der Donau-Metropole. Während ihres Aufenthalts besucht sie Freuds Vorlesungen und nimmt an den Sitzungen der Mittwochsgesellschaft teil. Freud ist enttäuscht, wenn sie mal einer Vorlesung fernbleibt: *Ich … starrte gestern wie gebannt in die Sitzlücke, die man für sie gelassen hatte.*[195]

Beim Freud-Schüler Viktor Tausk, in den Lou sich verliebt, erhält sie eine praktische Einführung in die psychoanalytische Praxis und Behandlungstechnik. Mit Freud geht sie fachlich dialogisierend spazieren. Er liebt diese außergewöhnliche Frau, aber es ist für ihn *eine Zuneigung frei von jeder sexuellen Anziehung*[196]. Er schenkt ihr regelmäßig rote Rosen. Sie wird quasi Mitglied der Freud-Familie und gewinnt das besondere Vertrauen von Anna Freud. Nach ihrer Rückkehr nach Göttingen praktiziert sie als Psycho-

liche Tage[201] gewesen. Was heißt köstlich? Von welcher verbotenen Paradiesfrucht hat er gekostet?

Wie immer auch dieser Konflikt ausgegangen sein mag, er scheint winzig im Vergleich zum Großen Krieg, der neun Monate später nach dem Attentat von Sarajewo losbricht. Zunächst wird Freud von vaterländischer Stimmung ergriffen: *Meine ganze Libido gehört Österreich-Ungarn.*[202] Recht schnell ist er dann aber entsetzt über die *entfesselte Bestialität*[203]. Der Krieg verändert die Freud-Familie. Seine Söhne Martin und Ernst melden sich freiwillig für den k. u. k. Kriegsdienst, Sohn Oliver wird 1916 eingezogen. Die Freuds bangen um ihr Leben. Sie sind froh, wenn die Feldpost Lebenszeichen nach Wien transportiert.

Der Krieg wirkt sich auf die Beziehung zu Martha verändernd aus. Sie bewältigt den Kriegsstress erstaunlich gut. Mit ruhiger Hand managt sie den Familienbetrieb. Und sie sorgt für emotionale Beruhigung. Freud ist davon sehr positiv beeindruckt. Von Minna, dem scheinbar robusten Weib, ist er enttäuscht, weil sie Klagelieder singt und sich als labil erweist. Die Folge davon ist, dass zu Martha viel Libido zurückfließt. Aus der Aufzeichnung eines seiner Träume ist zu schließen, dass auch die sexuelle Beziehung zu ihr wieder erwacht ist. Er schreibt vom *gut gelungenen Coitus Mittwoch früh*[204]. Was heißt gut gelungen? Hat es eine Zeitlang gedauert, bis es endlich gut gelang? Oder ist es das Ende ihrer Fruchtbarkeit, das sie von ihrer Koitusaversion und ihrer Konzeptionsangst befreit hat?

Während Millionen ihre Aggression ausagieren, entwickelt Freud immense schöpferische Kräfte. Begünstigt wird dies durch den kriegsbedingten Rückgang seiner Patientenzahlen. Besonders viel Zeit verwendet er auf die *Vorlesungen zur Einführung in die Psychoanalyse*[205]. Dieses Werk basiert auf seinen Vortragsveranstaltungen für Hörer aller Fakultäten an der Universität Wien in den Wintersemestern 1915/16 und 1916/17. Es ist eine verständliche und in sich stimmige Darstellung der Psychoanalyse.

Mitten im Krieg, am 6.5.1916, wird Freud 60. Er sieht sich *an der Schwelle des Greisenalters*[206]. Noch ironischer äußert er sich in einem Brief an den Kollegen Karl Abraham: *Infolge der Notizen in Berliner Zeitungen konnte der Tag doch nicht so geheim gehalten werden wie ich es wünschte ... Ich habe auch aus Wien soviel Blumen bekommen, dass ich auf Grabkränze keinen Anspruch mehr habe, und Hitschmann hat mir eine ‚ungehaltene Rede' zugesteckt, die so rührend und angreifend war, dass ich verlangen darf, seinerzeit ohne Grabrede begraben zu werden.*[207]

Der Große Krieg endet am 11.11.1918. Mit dem Kriegsende haucht die Donaumonarchie ihre Existenz aus. Der Rest, der von ihr übrig bleibt, heißt jetzt Republik Österreich. Sie ist gepeinigt von einer Hyperinflation. Freuds Geldvermögen wird wertlos. Die wohlstandsverwöhnte Familie erlebt eine nie gekannte Not. In einem Brief an Jones heißt es: *Wir sind hier alle hungrige Bettler geworden.*[208] Freud, der besonders gern Fleisch und Zigarren konsumiert, fällt es außerordentlich schwer, Triebverzicht zu leisten. Der einzige Trost ist, dass die Söhne den Krieg überlebt haben.

So ganz auf den Hund gekommen ist Freud dann doch nicht. Im Laufe des Jahres 1919 bessert sich seine Lage. Und man höre und staune: Er gönnt sich schon wieder eine Sommerfrische. Während Martha im Sanatorium Parch nahe Salzburg eine Lungenentzündung auskuriert, verbringt er mit Minna die hochsommerlichen Tage im Hotel Villa Wassing im Kurort Bad Gastein. Ganz zufrieden ist er mit seiner Schwägerin jedoch nicht.[209] Er beklagt ihre Bewegungsunlust, wahrscheinlich eine Folge ihrer Korpulenz. Die täglichen Spaziergänge unternimmt er deshalb allein. Was macht sie solange? Freuds Antwort: *Sie genießt unterdeß mein sehr schönes Zimmer, das neben dem ihren liegt. Zu den beiden großen Mahlzeiten sind wir zusammen.*[210] Ist es nur noch die Essenslust, die beide miteinander teilen? Es gibt wieder große Portionen *Fleisch, was doch ganz besondere Kräfte enthalten muß*[211].

Zwischendurch nutzt Freud die Zeit, um an seinem Manuskript *Jenseits des Lustprinzips*[212] zu arbeiten. Und er macht auch einen Abstecher nach Parch, um die rekonvaleszierende Ehefrau zu besuchen. In einem Brief an Anna schildert er sie als *wohl aussehend, heiter und sehr zufrieden*[213].

Im Sommer des Folgejahres wiederholt sich dieselbe Kur mit Minna. Was zwingt ihn zur Wiederholung? Warum begleitet ihn nicht seine Frau, die inzwischen längst genesen ist? Und das alles in einem für die Familie Freud schicksalsvollen Jahr. Denn im Januar ist seine Tochter Sophie Halberstadt an den Folgen einer grippalen Erkrankung gestorben. Damals schrieb er an Oskar Pfister: *Der Verlust eines Kindes scheint eine schwere narzißtische Kränkung; was Trauer ist, wird erst nachkommen.*[214] Hat er ihm auch mitgeteilt, dass er an der Beerdigung nicht teilgenommen hat? Wie dem auch sei, Freud und Minna wohnen wieder Tür an Tür wie im Sommer 1919. Diesmal ist der Schwager mit ihrer Beweglichkeit und Laune deutlich zufriedener. Beiden geht es gut. Besondere Freude haben sie am köstlichen Essen. Freud spricht von einer *großen Freßlust*[215], die über sie Macht erlangt hat. Ist das der Sex der alten Leute? Minna ist davon so erschöpft, dass sie nach dem Mittagsmahl einen längeren Mittagsschlaf abhalten muss. Völlig vom Es beherrscht ist Freud aber nicht. Zwischendurch ist er schriftstellerisch tätig. Diesmal ist es die *Massenpsychologie und Ich-Analyse*[216], die ihn beschäftigt. Er will eine psychoanalytische Antwort auf die Frage geben, warum sich der Mensch in der Masse gehen und verleiten lässt.

Treu grüßt aus der Ferne Martha die Kurenden. Sie diktiert Anna den Brief, weil sie *durch einen Wespenstich gehindert ist, ihren Finger zu gebrauchen*[217]. Nach dem Kurende darf das *geliebte Annerl* mit ihrem Papa nach Holland reisen, wo in Den Haag der 6. Internationale Psychoanalytische Kongress stattfindet.

Im Jahre 1921 erlebt Freuds Sommerkur mit Minna eine Wiederaufführung. Was geht in Martha vor? Sie verbringt parallel mit der Tochter Anna eine Sommerfrische in Aussee im Salzkammergut. Ihre gesundheitliche Verfassung ist schon seit mehreren Wochen nicht gut. Sie laboriert an Darmbeschwerden, verweigert sich jedoch beharrlich einer ärztlichen Behandlung. Sie möchte auch nicht, dass Freud am 26.7.1921 die Kur unterbricht und anlässlich ihres 60. Geburtstages zu ihr fährt. Offensichtlich ist sie wegen Freuds separatem Urlaub gekränkt. Ihre Wut widerspiegelt sich in ihrem Bauch. Diese Affektlage wird sicherlich nicht dadurch besser, dass Freud per Reisebrief mitteilt, wie *ausgezeichnet* es ihm und Minna geht und wie *unglaublich schön* es in Bad Gastein ist.[218]

Nach der Kur reisen Freud und Minna nach Seefeld in Tirol, wo sie sich mit Martha und Anna treffen. Möglicherweise resultieren die Herzbeschwerden, die Freud nach der Wiedervereinigung verspürt, aus dem spannungsgeladenen Wiedersehen mit Martha.

Unbeeindruckt von den Folgen ihres Tuns wird für den Juli 1922 erneut die gemeinsame Kur in Bad

Gastein gebucht. Die Wochen davor verbringt Minna allein an der dalmatinischen Küste. Ihr Urlaubsquartier ist das Savoy Hotel im istrischen Abbazia. Von dort wendet sie sich am 10.6.1922 sehnsuchtsvoll an ihren Sigi. Sie schlägt ihm vor, den Kurbeginn in Bad Gastein um eine Woche zu verschieben und stattdessen mit ihr eine Woche in Abbazia zu verbringen. Sie bettelt regelrecht um seine Zustimmung: *Bitte sag nicht gleich Nein, versprich, Dir alles Schöne vorzustellen und nimm die etwaigen Schwierigkeiten nicht zu schwer.*[219] Freud wagt diesen Trip nicht und sagt ihr ab. Minna ist frustriert: *Sehr enttäuscht und gekränkt über Deine Ablehnung. Wenn es in Gastein schneit, werde ich Dir immer vorschwärmen, wie schön es hier war.*[220] Dennoch begibt sie sich, wie ursprünglich geplant, zu Freud in dessen Lieblingskurort. Es bleibt im Dunkeln, ob Martha von Minnas dalmatinischem Verlockungsversuch erfahren hat und, falls ja, ob und wie sie reagiert hat.

Freud erlebt den Kuraufenthalt als *sehr schön, behaglich, sorgenfrei*[221]. Er macht Spaziergänge, lässt die Anwendungen über sich ergehen, sucht nach Pilzen und verfertigt Zeitschriftenaufsätze. Da er ein Musikmuffel ist, muss Minna alleine ins Kurkonzert. Im weiteren Verlauf des Aufenthalts schwindet die anfangs ausgezeichnete Befindlichkeit. Minna erleidet einen Hexenschuss. Freud kriegt Magenweh, das er mit Karlsbader Wasser therapiert. Er ahnt noch nicht, dass diese Beschwerden im Vergleich zu dem, was sich in seinem Körper bösartig entwickelt, Petitessen sind. Ein halbes Jahr später entdeckt er eine Geschwulst in seiner Mundhöhle, deren Gefährlichkeit er nicht wahrhaben will. Erst Anfang April lässt er sich von seinem Hausarzt Felix Deutsch untersuchen, der Freud nicht die Wahrheit sagt, sondern von einer Verdickung der Schleimhaut spricht, die entfernt werden müsse. Der Eingriff wird Ende April vom Rhinologen Markus Hajek vorgenommen. Von ihm erfährt Freud ebenso wenig die Wahrheit. Er wird misstrauisch, da eine Nachbehandlung mit Radiumkapseln und Röntgenstrahlen durchgeführt wird.

Den angegriffenen Freud ereilt im Juni der nächste Schicksalsschlag. Sein an einer besonders schweren Form der Tuberkulose erkrankter Lieblingsenkel Heinele, Sohn seiner verstorbenen Tochter Sophie, stirbt am 19.6.1923 im Alter von viereinhalb Jahren. Man sieht Freud zum ersten Mal weinen. Er ist verzweifelt: *Diesen Verlust vertrage ich so schlecht, ich glaube, ich habe nie etwas Schwereres erlebt, vielleicht wirkt die Erschütterung durch meine eigene Erkrankung mit. Ich mache meine Arbeit notgedrungen, im Grunde ist mir alles entwertet.*[222] Trotz alledem verbringt er wieder seine Kur mit der Schwägerin in Bad Gastein. Minnas Mitreise ist eine Zeitlang ungewiss gewesen, da sie sich einer stationären Herzbehandlung hat unterziehen müssen. Während es der Schwester in Bad Gastein wesentlich besser geht, leidet Martha an einem Handekzem. Auch jetzt finden die seelischen

Belastungen dieser Dreieckspartner wieder ihren symbolischen Ausdruck in Körpersymptomen. Den Alten irritiert dies nicht besonders. In einem Brief vom 12.7.1923, den er an Anna adressiert, ist zu lesen: *Es ist so heiß, dass wir vor 6 h abds nicht ausgehen. Ich freue mich, dass der Briefkasten direkt am Haus ist. Nicht viel Neues. Tante erholt sich offenbar sehr gut, will umso lieber den Aufenthalt in Gastein verlängern. Es tut mir leid, daß Mama mit dem Ekzem nicht fertig ist. Hoffentlich tut ihr die Untätigkeit endlich gut ... Lebt alle recht wohl, ich schreibe sehr bald wieder.*[223]

Ende Juli setzt Freud die Sommerfrische im trentinischen Lavarone im Kreise seiner Familie fort. Im September unternimmt er mit Anna eine Romreise, um ihr die Sehenswürdigkeiten der ewigen Stadt zu zeigen. Eine während dieser Reise aufgetretene Mundblutung deutet auf ein Rezidiv hin. Nach der Rückkehr diagnostiziert der berühmte Wiener Kieferchirurg Hans Pichler bei Freud einen bösartigen Gaumenkrebs. In einer radikalen, sieben Stunden dauernden Operation, die nur unter örtlicher Betäubung stattfindet, entfernt er ihm den rechten Oberkiefer und den Gaumen. Und er verpasst ihm eine große Prothese, die Freud das *Ungeheuer*[224] nennt. Sieben Tage später lautet sein Bulletin an Karl Abraham: *Heute Tampon erneuert, aufgestanden, den vorhandenen Rest in Kleider gesteckt ... Wenn ich ohne Injektion schlafen kann, geh ich bald nach Hause.*[225]

Freud lebt noch, aber sein hedonistisches Leben ist zu Ende. Es gibt keine Reisen und Kuren mehr mit Minna. Er muss jetzt seine psychischen Energien in die Schmerzbewältigung investieren. Obwohl er weiß, dass seine Krebserkrankung die Folge seines exzessiven Tabakkonsums ist, frönt er weiterhin diesem Laster. Die orale Triebkraft ist ungebrochen.

Freuds Triebherbst

> Nichts anderes schützt die Tugend so sicher wie die Krankheit.
>
> Sigmund Freud

Freud ist dem Teufel vorerst von der Schippe gesprungen. Er ist ohne Zweifel körperlich schwer gehandicapt. Aufgrund der großen Prothese fallen ihm das Sprechen und Essen recht schwer. Außerdem plagen ihn immer wieder starke Schmerzen, die er tapfer erträgt.

Anfang Januar 1924 beginnt Freud wieder zu praktizieren. Er tut sich schwer damit. Sechs Patienten befinden sich momentan in seiner Behandlung. Dem Kollegen Max Eitington schildert er sein Befinden: *Auch Sie gehören ja zu denen, die nichts davon wissen wollen, dass ich nicht mehr derselbe bin. Ich bin aber in Wirklichkeit müde und ruhebedürftig, schlage kaum die sechs Stunden Analyse heraus, halte alles Weitere von mir fern. Das Richtige wäre, Arbeit und Verpflichtungen aufzugeben und in einem stillen Winkel auf das natürliche Ende zu warten. Aber die Versuchung, nein, die Nötigung, noch etwas zu erwerben, solange man soviel verbraucht, ist zu stark.*[226]

Zur wichtigsten Bezugsperson und Unterstützerin wird jetzt Freuds stark vatergebundene Tochter

Anna. Er nennt sie später seine Antigone. Inzwischen ist sie für ihn unersetzlich geworden. Sie vereinigt mehrere Rollen in einer Person. Sie ist Krankenpflegerin. So nimmt sie, wenn erforderlich, seine Prothese heraus, säubert sie und setzt sie wieder ein. Sie ist die vom Vater analysierte und ausgebildete Fachkollegin. Sie vertritt Freuds Interessen im Komitee und auf den Psychoanalytischen Kongressen. Und sie ist Chefsekretärin.

Anna weicht nicht mehr von des Vaters Seite. Seine Libido ist innerfamiliär umverteilt. Martha und Minna müssen in den Hintergrund treten. Annas Lebensplan ist vorerst fixiert. Eine Heirat ist in der jetzigen Situation keine Option mehr. Sie hätte durchaus einen Ehemann haben können – beispielsweise den Arzt und Psychoanalytiker Hans Lampl, einst Klassenkamerad ihres Bruders Martin. 1918 hatte er sich in Anna verliebt. Doch Freud blockierte die Erwiderung. Zum einen, weil er Lampl für psychisch gestört hielt. Zum anderen, weil sich in seinem Innern ein Kampf zwischen Festhalten und Loslassen abspielte, was er vertraulich Lou Andreas-Salomé mitteilte: *Manchmal wünsche ich ihr dringend einen guten Mann, manchmal schrecke ich vor dem Verlust zurück.*[227]

Im Frühjahr 1924 möchte Freud endlich mal wieder Wien verlassen. Mit Anna und Martha verbringt er das Osterwochenende am nicht weit entfernten Semmering. Dort mieten die Freuds die Villa Schüler in der Nähe des Südbahnhofs. Sie wird für die nächsten fünf Jahre jener Ort, an dem die Familie zur Sommerfrische weilen wird. Kuren und Extratouren mit Minna sind jetzt aufgrund seiner schwachen Konstitution obsolet. Er kann sie nicht mehr so begehren, wie es einst möglich war. Ein bitterer Wendepunkt in seinem Liebesleben.

Auch wenn die innersomatische Reizquelle ihre Produktivität stark gedrosselt hat, fließt seine Libido weiterhin – auch in außerfamiliäre Richtung. Ein Objekt seiner Besetzung ist Marie Bonaparte, Urgroßnichte Napoleons und Ehefrau des Prinzen Georg von Griechenland. Sie ist tief depressiv von Paris nach Wien gereist, um sich von Freud analysieren zu lassen. Seit längerem hat sie ein Frigiditätsproblem, das sie durch einen chirurgischen Eingriff an der Klitoris zu bewältigen suchte – ohne Erfolg. In der analytischen Beziehung entwickelt sie eine intensive Übertragungsliebe, und Freud reagiert mit einer starken Gegenübertragung. Später beschreibt sie das, was von ihrem Analytiker ausgeht: *Der Eindruck, den er auf mich machte, übertraf alle meine Erwartungen. Vor allem hat mich die warme, liebevolle Stärke seiner Persönlichkeit berührt.*[228] Sie bekennt ihm, dass sie ihn liebt. Als sie dies auf der Couch liegend sagt, reicht sie ihre Hand nach hinten. Freud umfasst diese mit den Worten: *Das noch mit 70 Jahren hören zu dürfen!*[229].

Er nennt Marie Bonaparte Prinzessin, so wie er einst seine Martha genannt hat. Sie darf ihm während der Analysestunden Fragen stellen, die andere Analysandinnen wohl nicht hätten stellen dürfen. Unter anderem erkundigt sie sich nach seiner eigenen Sexualität. Sie provoziert ihn mit der Hypothese, dass diese wohl exzeptionell sein müsse. Freuds Antwort: *Davon werden Sie nichts erfahren! Vielleicht nicht so sehr!*[230] Anscheinend beichtet er ihr auch, dass er vor seiner Ehe sexuelle Erfahrungen gehabt hat.

Zwischen den beiden beginnt eine enge platonische Liebesbeziehung, die dreizehn Jahre später den Freuds das Leben retten wird. Marie Bonaparte wird selbst Psychoanalytikerin, die nicht nur therapiert, sondern auch publiziert. Außerdem hilft sie unermüdlich und mit viel finanzieller Unterstützung beim Aufbau der französischen Psychoanalyse.

Marie Bonaparte

Im Jahre 1925 betritt eine ebenso interessante Frau das Beziehungsfeld der Familie Freud. Es ist die Amerikanerin Dorothy Burlingham, jüngste Tochter des weltweit bekannten Jugendstilkünstlers Louis Comfort Tiffany. Von ihrem Ehemann, dem Chirurgen Robert Burlingham, hat sie sich getrennt, weil dessen manisch-depressive Psychose für sie und ihre Kinder Mabbey, Tinky, Mikey und Bob unerträglich geworden ist. Psychisch und physisch besonders schlecht geht es Bob. Er leidet an einer asthmatischen Erkrankung.

Von der Aura der Psycho-Metropole angezogen, siedelt Dorothy Burlingham nach Wien um. Sie unterzieht sich beim Freud-Schüler Theodor Reik einer psychoanalytischen Behandlung. Bob und danach auch die Schwestern werden von Anna Freud erfolgreich therapiert. Zwischen Anna und Dorothy entsteht eine enge Beziehung, in die die Kinder einbezogen sind. Auch wenn Anna keinen Ehemann gefunden hat, so hat sie jetzt endlich ihre Kinder. 1928 bezieht Dorothy in der Berggasse 19 eine Wohnung, eine Etage über den Freuds.

Dass seine Tochter Anna nicht nur ihn, sondern auch eine Frau libidinös besetzt hat, stört den König Ödipus kaum. Er mag Dorothy. Und er schenkt ihr nicht nur Zuneigung, sondern auch eine Opalbrosche. Im Gegenzug bekommt Freud von ihr den Chow-Chow Lün Yu geschenkt, der 15 Monate später von einem Zug überfahren wird.

Die Verschmelzung der beiden Familien bedeutet auch, dass sie gemeinsam Wochenendausflüge unternehmen und die Sommerfrische verbringen. Besonders wohl fühlt sich Freud im von Anna und Dorothy erworbenen Bauernhaus in Hochrotherd vor den Toren Wiens.

Seit der Krebsdiagnose sind inzwischen fünf Jahre vergangen. Sein Mundraum wird seither ständig beobachtet. Immer wieder entdeckt man Wucherungen, die durch Operationen entfernt werden müssen.

1928 reist Freud auf Empfehlung seines Sohnes Ernst nach Berlin, um sich vom Kieferspezialisten Professor Hermann Schröder eine neue Prothese anfertigen zu lassen. Anna begleitet ihn. Sie wohnen in der ärztlichen Villa des Psychoanalytischen Sanatoriums Tegel. Dort besucht ihn seine liebe Lou Andreas-Salomé. Es ist ihr letzter direkter Kontakt. Freud lädt sie zum Spazierengehen im Tegeler Park ein. Während ihres Gesprächs will sie wissen, ob er das Gedicht *Lebensgebet* kennt. Er, der glaubt, es sei von Nietzsche, nickt schmunzelnd. Was dann folgt, schildert sie in ihrem Lebensrückblick: *Und da geschah, was ich selbst nicht begriff, was ich mit keiner Gewalt mehr zurückhalten konnte, – was mir über die zitternden Lippen kam in Auflehnung wider sein Schicksal und Martyrium ... Worauf ich im ‚Schreck' über die Offenherzigkeit meiner dran rührenden Worte, laut und unaufhaltsam losheulte. Freud hat drauf nicht geantwortet. Ich fühlte nur seinen Arm um mich.*[231]

Die Schröder'sche Prothese sorgt zunächst für eine deutliche Erleichterung. Zurück in Wien braucht er zunächst einige Zeit, um sich von den Strapazen des Berlin-Aufenthalts zu erholen. Freud wird dringend geraten, sich künftig von einem Leibarzt betreuen zu lassen. Widerwillig lässt er sich darauf ein. Marie Bonaparte empfiehlt ihm Max Schur, einen psychoanalytisch orientierten Internisten[232], der während seines Studiums Freuds Vorlesungen zur Einführung in die Psychoanalyse besucht hat. Vor dem Beginn des Arzt-Patient-Verhältnisses bittet Freud Schur erstens, ihm *immer die Wahrheit und nichts als die Wahrheit*[233] zu sagen. Die zweite Bitte lautet: *Versprechen Sie mir auch noch: wenn es mal so weit ist, werden Sie mich nicht unnötig quälen lassen.*[234]

Freud braucht nicht nur mehr ärztliche Hilfe, sondern auch mehr häusliche Betreuung. Deshalb wird ein weiteres Hausmädchen engagiert. Es ist die hübsche Paula Fichtl, zuvor dienstbarer Geist bei Dorothy Burlingham. Sie verrichtet neben der üblichen Reinigungsarbeit auch Spezialaufgaben. So bereitet sie dem Herrn Professor das Frühstück zu, empfängt Gäste, pflegt seine Antikensammlung und hält die Bibliothek staubfrei. Wenn Freud ein Buch sucht, weiß sie aufgrund ihres fotografischen Gedächtnisses sofort, wo es steht.

Freud ist ihr mit viel Sympathie zugeneigt. Minna reagiert auf diese neue libidinöse Besetzung mit Eifersucht. Ab und an bekommt Paula dies in Form von

Schurigeleien zu spüren. Als sie einmal von Minna zusammengestaucht worden ist, wendet sie sich an ihren geliebten Herrn Professor, der sie tröstet und sie liebevoll am Ohrläppchen zieht.

Paula erhält eines Morgens einen ungewollten Einblick in Freuds Intimität. Als er gerade nach dem morgendlichen Bad von Martha abgetrocknet wird, betritt sie nichtsahnend das Badezimmer und sieht den nackten Dienstherrn vor sich. Blitzschnell ist sie auch schon wieder draußen. Zum einen schämt sie sich sehr, zum anderen wundert sie sich, dass der Herr Professor *so ein großes Glied haben kann*[235].

Die Liebe und Fürsorge, die Freud von seiner weitgehend weiblichen Umgebung zuteil wird, ist immens. Es ist die seelische Nahrung, die ihm die Kraft zum Weiterleben gibt. Und ohne sie könnte er nicht sein kreatives Schaffen fortsetzen. Wenn man vom Jahr 1930 auf die sieben Leidensjahre zurückblickt, stellt man fest, wie beachtlich sein Gesamtwerk weitergewachsen ist. Neu hinzugekommen sind die *Selbstdarstellung*[236], *Hemmung, Symptom und Angst*[237], *Die Frage der Laienanalyse*[238], *Die Zukunft einer Illusion*[239] und Das *Unbehagen in der Kultur*[240]. Für seine meisterliche schriftstellerische Leistung erhält Freud in diesem Jahr den Goethepreis der Stadt Frankfurt. Er empfindet dies als eine große, ihn mit besonderer Genugtuung erfüllende Ehre. Anna nimmt am 28.8.1930 für ihn den Preis entgegen und trägt seine Dankesrede vor.

Vierzehn Tage nach dieser Ehrung stirbt Freuds Mutter Amalie im hohen Alter von 95 Jahren. Mit ihr verlässt das Objekt seines ödipalen Begehrens die Bühne seines Lebens. Der *goldene Sigi* nimmt nicht an der Beerdigung teil und lässt sich durch seine Tochter Anna vertreten. Was in ihm vorgeht, findet sich in einem Brief an Ferenczi: *Es hat merkwürdig auf mich gewirkt, dieses große Ereignis. Kein Schmerz, keine Trauer, was sich wahrscheinlich aus den Nebenumständen, dem hohen Alter, dem Mitleid mit ihrer Hilflosigkeit am Ende, erklärt, dabei ein Gefühl der Befreiung, der Losgesprochenheit. Das ich auch zu verstehen glaube. Ich durfte ja nicht sterben, solange sie am Leben war, und jetzt darf ich.*[241]

Richtig zum Sterben zumute ist es ihm jedoch nicht. Er hat noch genügend Wille und Kraft, um weiterzuleben und seine therapeutische Arbeit aufrechtzuerhalten. Unter seinen Analysanden sind die Frauen noch stärker vertreten als in der Vergangenheit. Die Frauen erleben Freud als Faszinosum. Und umgekehrt übt ihre Seele auf ihn eine besondere Wirkung aus. So geschieht dies in der analytischen Beziehung zur Schriftstellerin Hilda Doolittle, die an einer Schreibhemmung leidet. Freud gerät während der Behandlung in eine heftige Gegenübertragungsliebe. Mitten in einer Sitzung sagt er zur völlig überraschten Analysandin: *Das Schlimmste ist – ich bin ein alter Mann – Sie halten es nicht für der Mühe wert, mich zu lieben.*[242] An wen erinnert ihn Hilda? Welche alten Beziehungserfahrungen wiederholt er? Wir können nur spekulieren. Auf jeden Fall wissen wir von Hilda Doolitte, dass sie auf Freuds Liebesbotschaft nicht eingegangen ist: *Wenn er erwartete, ich ließe mich nun zu einer Beteuerung meiner Zuneigung hinreißen, so hatte er sich für diesmal getäuscht – die Wurzel oder die Strömung lag viel tiefer.*[243]

Nach Abschluss der Behandlung äußert Freud den Wunsch nach Fortsetzung des Kontaktes. Sie sei ihm immer willkommen. Ein paar Jahre später bringt er seine Verliebtheit in einem Antwortbrief nochmals zum Ausdruck: *Als ich Ihre freundlichen Zeilen las und merkte, wie sehr ich mich über sie freute, dachte ich zunächst, ich hätte mich über meine Standhaftigkeit getäuscht. Doch bei nochmaligem Überlegen kam ich zu dem Schluß, dass es nicht so war. Was Sie mir gaben, war nicht Lob, sondern Zuneigung, und ich brauche mich meiner Genugtuung nicht zu schämen. Das Leben in meinem Alter ist nicht leicht, aber der Frühling ist schön und ebenso die Liebe.*[244]

Auch dem Hausmädchen Paula bleibt das Spiel der täglichen Übertragungsliebe nicht verborgen. Jahrzehnte später beschreibt sie ihre Beobachtungen: *Die Frauen waren natürlich alle verliebt in ihn; des hab' i schon g'sehen, wenn sie den Herrn Professor an ihre Brust drückt haben. Manchmal hat der Professor ganz rote Wangen g'habt, wenn so ein hübsches Ding dag'wesen is, ... und einmal hat er nicht aus dem Sessel aufstehen wollen, als die Dame gegangen war.*[245]

Hilda Doolittle

Die Liebe, die Freud im schwierigen Herbst seines Lebens erfährt, ist im doppelten Sinne palliativ. Zum einen hilft sie ihm bei der Bewältigung seiner körperlichen Schmerzen. Zum anderen bei der Verarbeitung dessen, was die Machtergreifung Hitlers in ihm auszulösen beginnt. Zunächst hat er dies durch die Strategie des Nicht-Wahrhaben-Wollens versucht. Dann bekommt er im Mai 1933 mit, wie seine Bücher verbrannt werden – unter dem Ruf: *Gegen seelenzerfasernde Überschätzung des Trieblebens, für den Adel der menschlichen Seele! Ich übergebe der Flamme die Schrif-*

ten von Sigmund Freud.[246] Lakonisch kommentiert er: *Im Mittelalter hätten sie mich verbrannt, heutzutage begnügen sie sich damit, meine Bücher zu verbrennen.*[247] Banger wird es ihm, als er wahrnimmt, wie seine Söhne Ernst und Oliver mit ihren Familien sowie viele Freunde, Verwandte und Kollegen Deutschland fluchtartig verlassen. Jetzt wird er pessimistisch: *Die Welt wird ein großes Zuchthaus, die ärgste Zelle ist Deutschland.*[248]

Obwohl Freud die braune Gefahr jetzt unmittelbar sieht, glaubt er dennoch nicht an einen Einmarsch der Nazis in Österreich. Er konzentriert sich wieder mehr auf das, was ihm noch möglich und lieb ist: Arbeit, Beziehungspflege, Freude an den kleinen Dingen des Lebens, wozu auch der Garten in der Sommerresidenz in Grinzing zählt. Und nicht zu vergessen die Freude, die ihm seine Chow-Chow-Hündin Jofie bereitet. Er hat sie im April 1930 von Anna geschenkt bekommen und liebt das Tier sehr: *Sie ist ein entzückendes Geschöpf, so interessant, auch als Frauenzimmer, triebhaft, zärtlich, intelligent und doch nicht so abhängig, wie andere Hunde sein können. Man wird den Respekt vor solchen Tierseelen nicht los.*[249] Wichtig zu wissen ist, dass Jofie auch während der Therapiesitzungen präsent ist. Instinktiv weist sie auf das Ende der Sitzung hin. Und Freud ist sich sicher, dass sie über einen diagnostischen Spürsinn verfügt: *Wen die Jofie nicht mag, bei dem stimmt was nicht.*[250]

Die Stimmungslage ist gleichwohl nicht stabil. Immer wieder kommen altersdepressive Verstimmungen dazwischen. Eine solche schimmert aus einem Brief durch, den er am 16.5.1935 an seine Lou schreibt: *Welches Maß von Gutmütigkeit und Humor gehört doch dazu, das grausliche Altwerden zu ertragen ... Natürlich werde ich immer mehr auf Annas Pflege angewiesen, ganz wie Mephistoles einmal bemerkt hat: ‚Am Ende hängen wir doch ab von den Kreaturen, die wir gemacht haben.' Jedenfalls war es sehr weise, sie gemacht zu haben.*[251]

1936 wird Freud 80 Jahre alt. Glückwünsche aus aller Welt gelangen nach Wien. Auf einer Feier des *Akademischen Vereins für medizinische Psychologie*, an dem er aufgrund seiner Gebrechlichkeit nicht teilnehmen kann, ehrt ihn Thomas Mann mit einem Festvortrag, der mit folgendem Satz beginnt: *Wir grüßen den achtzigsten Geburtstag Sigmund Freuds als willkommenen Anlaß, um dem schöpferischen Initiator eines neuen und tieferen Wissens vom Menschen unseren Glückwunsch und unsere Ehrfurcht auszusprechen.*[252] Trotz dieser riesigen Anteilnahme merkt er resignierend an: *Mit immer weniger Bedauern warte ich darauf, dass für mich der Vorhang fällt.*[253]

Ein zweites Jubiläum folgt vier Monate später. Am 13.9.1936 feiert er mit Martha Goldene Hochzeit. Die Familie schart sich um die Jubilare, die sich einst so innige Liebesbriefe geschrieben haben. Wie viel Objektlibido haftet davon noch an Martha? Und wie viel an Sigi? Wie viel Bindung steckt noch im Bund fürs Leben? Nach Paula Fichtl, der unmittelbarsten Beobachterin dieser alten Ehe, ist das Verhältnis *ruhig* und *friedlich, aber nicht unbedingt glücklich* [254]. Freuds Fazit lautet: *Es war wirklich keine schlechte Lösung des Eheproblems, und sie ist noch heute zärtlich, gesund und leistungsfähig.*[255] Das klingt nach Vernunftehe, gepaart mit altersadäquater Libido. Möglicherweise ist sie quantitativ geringer als die, mit der er seine Hündin Jofie besetzt hat. Denn das ist aus der Trauer zu ermessen, die Freud erfasst, als im Januar 1937 sein krebskranker Lieblingshund das Zeitliche segnet: *Über sieben Jahre Intimität kommt man nicht leicht hinweg.*[256] Therapiert werden kann diese Verlustreaktion nur durch ein neues Tier, ebenfalls eine Chow-Chow-Hündin namens Lün Yu II.

Ein weiteres Trauereignis erschüttert ihn unmittelbar nach Jofies Ableben. Am 5.2.1937 stirbt seine Freundin Lou Andreas-Salomé. Die Todesnachricht entnimmt er einem Pressebericht. Er ehrt sie mit einem Nachruf:

> *Am 5. Februar dieses Jahres starb eines sanften Todes in ihrem Häuschen in Göttingen Frau Lou Andreas-Salomé, nahezu 76 Jahre alt. Die letzten 25 Lebensjahre dieser außerordentlichen Frau gehörten der Psychoanalyse an, zu der sie wertvolle wissenschaftliche Arbeiten beitrug und die sie auch praktisch ausübte. Ich sage nicht zu viel, wenn ich bekenne, daß wir es alle als eine Ehre empfanden, als sie in die Reihen unserer Mitarbeiter und Mitkämpfer eintrat, und gleichzeitig als eine neue Gewähr für den Wahrheits-*

gehalt der analytischen Lehren.
Man wußte von ihr, daß sie als junges Mädchen eine intensive Freundschaft mit Friedrich Nietzsche unterhalten hatte, gegründet auf ihr tiefes Verständnis für die kühnen Ideen des Philosophen. Dies Verhältnis fand ein plötzliches Ende, als sie den Heiratsantrag ablehnte, den er ihr gemacht hatte. Aus späteren Jahrzehnten wurde bekannt, daß sie dem großen, im Leben ziemlich hilflosen Dichter Rainer Maria Rilke zugleich Muse und sorgsame Mutter gewesen war. Aber sonst blieb ihre Persönlichkeit im Dunkel. Sie war von ungewöhnlicher Bescheidenheit und Diskretion. Von ihren eigenen poetischen und literarischen Produktionen sprach sie nie. Sie wußte offenbar, wo die wirklichen Lebenswerte zu suchen sind. Wer ihr näher kam, bekam den stärksten Eindruck von der Echtheit und der Harmonie ihres Wesens und konnte zu seinem Erstaunen feststellen, daß ihr alle weiblichen, vielleicht die meisten menschlichen Schwächen fremd oder im Lauf des Lebens von ihr überwunden worden waren.
In Wien hatte sich dereinst das ergreifendste Stück ihrer weiblichen Schicksale abgespielt. 1912 kam sie nach Wien zurück, um sich in die Psychoanalyse einführen zu lassen. Meine Tochter, die mit ihr vertraut war, hat sie bedauern gehört, daß sie die Psychoanalyse nicht in ihrer Jugend kennen gelernt hatte. Freilich gab es damals noch keine.[257]

Dass Thanatos ihn noch nicht in den Hades geholt hat, betrachtet Freud als Zufall. Er glaubt, übersehen worden zu sein. Doch im November, so prognostiziert er in einem Brief an Arnold Zweig, werde es soweit sein, *denn alles herum wird immer dunkler, drohender und das Bewusstsein der eigenen Hilflosigkeit immer aufdringlicher*[258].

Im Mai hellt Freuds Stimmung merkbar auf. In einem Brief an Marie Bonaparte schreibt er: *Ein wunderbarer Frühling ist hier über uns gekommen. Der Garten war noch nie so schön*[259]. Der Lebenstrieb gewinnt Oberhand über den Thanatos. Freud kann seine Arbeit am Moses-Buch fortsetzen. Und er hat auch weiterhin die Kraft, Patienten zu behandeln.

Im Herbst 1937 ist *Freuds Allgemeinzustand gut, abgesehen von einer üblichen Novembererkältung*[260]. Dieser verschlechtert sich jedoch nach dem Jahreswechsel. Professor Pichler hat wieder einmal eine bösartige Geschwulst in der Mundhöhle entdeckt, die entfernt werden muss.

Die postoperativen Schmerzen quälen Freud wochenlang. Im März werden sie durch Seelenqualen abgelöst. Hitlers Truppen okkupieren Österreich, was blasphemisch als freiwilliger Anschluss bezeichnet wird. In seiner privaten Chronik dokumentiert er dies mit zwei Worten: *Finis Austriae.*[261] Er und seine gesamte Familie befinden sich jetzt in akuter Gefahr.

Dass die schlimmsten Befürchtungen letztlich nicht eintreten, ist der liebevollen Freundschaft mit Marie Bonaparte zu verdanken. Die Libido, mit der sich beide einstmals besetzt haben, erweist sich als Rettung. Die Schwägerin des Königs von Griechenland setzt alle diplomatischen Hebel in Bewegung, damit Freud nichts geschieht und eine Ausreise ermöglicht wird. Sie streckt auch die Reichsfluchtsteuer vor, die er mangels Devisen nicht bezahlen kann.

Die seelisch extrem belastenden Wochen vor der Ausreise übersteht Freud mit erstaunlicher Nervenstärke. Am 4. Juni steigen er, seine Familie, die Begleitärztin und Chow-Chow Lün Yu II am Wiener Westbahnhof in den Orientexpress ein.

Als in den frühen Morgenstunden des 5. Juni der Zug die Kehler Rheinbrücke überquert, werden die Emigranten von kathartischen Gefühlen ergriffen. Nach einem kurzen Zwischenaufenthalt bei Marie Bonaparte in Paris, erreichen die Freuds, begeistert empfangen, am 8.6.1938 London. Noch am selben Tag schreibt er an den inzwischen in Palästina wohnenden Max Eitington: *Das Triumphgefühl der Befreiung vermengt sich zu stark mit der Trauer, denn man hat das Gefängnis, aus dem man entlassen wurde, immer noch sehr geliebt.*[262]

Freuds Todestrieb

> Wenn Du das Leben aushalten willst, richte Dich auf den Tod ein.
>
> Sigmund Freud

Dem Tod durch die Nazis ist Freud entkommen. Tief atmet er die Luft der Freiheit ein. Zunächst genießt er diese in einem gemieteten Haus in der Elsworthy Road am Regent's Park. In einem Brief an Max Eitington gibt er Einblick in sein Befinden: *Es ist noch alles traumhaft unwirklich. Es könnte ein herrlicher Wunschtraum sein, wenn wir nicht Minna schwer krank, hoch fiebernd hier angetroffen hätten.*[263]

Minna ist an einer Lungenentzündung erkrankt und muss im ersten Stock das Bett hüten. Weder kann sie momentan zu Freud, noch Freud zu ihr. Welch ein trauriger Kontrast zu ihrer Vergangenheit. Es ist nur noch der Lustgarten der Erinnerung, in der sie sich unbeschwert bewegen können.

In Passivität verfällt Freud nicht. Er werkelt am dritten Teil des Moses-Buches und verfertigt die ersten Seiten vom *Abriß der Psychoanalyse*[264]. Und er liebt die Muse im Garten, der ihn an Grinzing erinnert. Traurigkeit befällt ihn, wenn er an seine Lün Yu II denkt, die ein halbes Jahr in Quarantäne verbringen muss.

Leider währt die Auszeit, die sich Hiob genommen hat, nicht lange. Ende August wird eine neue Geschwulst geortet, die der aus Wien eingeflogene Professor Pichler am 8.9.1939 in einer aufwändigen Operation an der *London Clinic* entfernt. Dennoch kann Freud Ende September mit seiner Familie in das neue Eigenheim in Hampstead, Maresfield Gardens Nr. 20, einziehen. Dieses enthält auch einen Lift, sodass Freud endlich wieder Minna besuchen kann.

Das Einleben wird ihm dadurch erleichtert, dass Paula Fichtl sein Wiener Arbeitszimmer wieder originalgetreu eingerichtet hat – mit den inzwischen eingetroffenen Möbeln, Kunstgegenständen und Büchern.

Die Operation, die Freud als *die schwerste seit 1923*[265] bezeichnet, hat ihn sehr geschwächt. Er ermüdet rasch und braucht lange Regenerationspausen, um ein paar wenige Stunden täglich therapeutisch arbeiten zu können.

Gegen Jahresende hat Max Schur den Eindruck, dass *das Gleichgewicht zwischen Freuds Wunsch, den Kampf fortzusetzen und seinem Wunsch aufzugeben, sehr labil*[266] ist. Freud verliert immer mehr die Hoffnung auf ein Stückchen Weiterleben. Beschleunigt wird diese Entmutigung durch einen weiteren positiven Krebsbefund im Februar. Die Experten raten von einer Operation ab, weil sie zu riskant ist und empfehlen stattdessen eine strahlentherapeutische Behandlung, auf die sich Freud einlässt. Kurzfristig vermag diese den kanzerogenen Prozess zu stoppen.

Im März erscheint Freuds Werk *Der Mann Moses und die monotheistische Religion*[267] in Amsterdam. Max Schur erhält ein Autorenexemplar mit folgender Widmung: *Seinem Doktor – Verf. März 1939.*[268]

Der Frühling 1939 lässt sich positiv an. Freud geht es besser als Anfang des Jahres. Oft sitzt er mit seiner inzwischen zurückgekehrten Chow-Hündin im Garten und genießt das Wiedererwachen der Natur. Am 6.5.1939 begeht er seinen 83. Geburtstag, zu dem Marie Bonaparte von Paris anreist.

Die Hoffnung auf einen dauerhaften Erfolg der Röntgenbestrahlung erfüllt sich nicht. Der Krebs wächst weiter. Freuds Körper ist jetzt erheblich geschwächt. Die Nahrungsaufnahme wird immer schwieriger. Die Schmerzen stören den Schlaf. Der Patient muss rund um die Uhr betreut werden.

Freuds Zimmer ist dermaßen von nekrotischem Geruch erfüllt, dass sich die Hündin von ihrem Herrn fernhält. Über dem Bett muss ein Moskitonetz angebracht werden, um ihn vor Schmeißfliegen zu schützen.

Freuds Ichlibido verkümmert. Der Wille, sich selbst zu erhalten, wird von Tag zu Tag schwächer. Er wünscht sich den Thanatos herbei. Die Destrudo beginnt sich gegen ihn selbst zu richten. Am 21.9.1939 ergreift er die Hand seines Leibarztes und sagt zu ihm: *Lieber Schur, Sie erinnern sich wohl an unser erstes Gespräch. Sie haben mir damals versprochen, mich nicht im Stich zu lassen, wenn es soweit ist. Das ist jetzt nur noch Quälerei und hat keinen Sinn mehr.*[269] Tags darauf, als sich die Schmerzen ins Unerträgliche potenzieren, injiziert ihm Max Schur 0,02 Gramm Morphium. Freud fällt in einen *friedlichen Schlaf*[270]. Zwölf Stunden später erhält er eine zweite Injektion mit derselben Dosis. Am 23.9.1939 um 3 Uhr morgens haucht Freud seine Seele aus. Drei Tage später wird er auf dem Urnenfriedhof Golders Green beigesetzt. Seine Asche befindet sich in einer antiken Vase, die er zum 75. Geburtstag von Marie Bonaparte geschenkt bekam.

Freuds Tod hat seiner Frau Martha stark zugesetzt. Sie verharrt in einer mehrwöchigen Trauerstarre. Auch die herzkranke und alterschwache Minna beweint ihren Schwager. Beider Libido bleibt an Sigis Seelenbild haften. Frau und Nebenfrau setzen ihre Libidoteilung fort, bis Minna am 12.2.1941 ebenfalls das Zeitliche segnet. Auch dieser Verlust macht Martha arg traurig: *Ich vermisse sie [Minna] sehr, ich konnte ihr so schön alles anvertrauen, alles in sie hineinschütten.*[271] Gilt diese Aussage auch umgekehrt? Wie würde Martha sich jetzt fühlen, wenn Minna ihr alles anvertraut hätte?

Zehn Jahre nach Minnas Tod schließt auch Martha ihre Augen für immer. Ihre Asche kommt in Sigis Urne. Dort ruhen beide anorganisch gut vereint in einem klaren Mischungsverhältnis.

Epilog

> Die Menschen sind überhaupt nicht aufrichtig in sexuellen Dingen. Sie zeigen ihre Sexualität nicht frei, sondern tragen eine dicke Oberbekleidung aus Lügengewebe zu ihrer Verhüllung, als ob es schlechtes Wetter gäbe in der Welt der Sexualität.
>
> Sigmund Freud

Schon während seiner ersten Kindheitsjahre erlebte Freud die Kraft sexueller Empfindungen. Maßgeblich hervorgerufen durch seine ersten prägenitalen Liebesobjekte: die Mutter Amalie und die Kinderfrau Resi.

In seiner Latenzzeit lernte er die kulturelle Umwandlung der Triebenergien. Daraus entstand eine lebenslang mächtige Wissbegierde.

Als der pubertierende Freud sich in Gisela Fluß verliebte, wurde ihm wieder bewusst, dass er kein triebloses Wesen ist. Diesem Trieb Befriedigung zu verschaffen, war alles andere als leicht.

Triebnot war das schmerzvolle Erlebnis seiner Verlobungszeit. Als Freud endlich Martha heiraten durfte, entwickelte sich ein eheliches Liebesleben, das den Ansprüchen seines Es nicht ideal entsprach. Es wurde immer wieder unterbrochen durch Schonzeiten, die aufgrund von Marthas gesundheitlichen Problemen notwendig wurden. Aus dieser frustrierenden

Triebsituation entstand das heimliche Verhältnis zu Minna, offiziell als gemeinsames Reisen bezeichnet.

Wie beide mit der Angst vor der drohenden Konzeption umgingen, bleibt bis heute ein Geheimnis. Ob sie das Liebesspiel auf Risiko oder verhütend betrieben, verweilt ebenso im Dunkeln. Quellen zur Beantwortung dieser Fragen gibt es nicht.

Die Lustreisen mit Minna ermöglichten Freud ein partiell funktionierendes Triebleben. Aus den Reisebriefen der beiden klingt eine bisweilen hypomanische Augenblicksstimmung durch, die jedoch bald wieder von Schuldgefühlen vertrieben wird. Martha reagierte meist mit psychosomatischen Reaktionen und gelegentlich mit kommunikativer Abstinenz.

Nachdem Freud durch seine Krebserkrankung körperlich schwer beeinträchtigt wurde, gehörten die Lustreisen mit Minna der Vergangenheit an. Die Lust, die er jetzt gewann, bezog er zu einem Gutteil aus der Übertragungsliebe seiner Analysandinnen.

Mensch, was hast du eigentlich mit deiner Sexualität angefangen? – so lautete Margarete Mitscherlichs Frage. Die imaginäre Antwort Freuds könnte heißen: *Obwohl ich über diesen Trieb viel reflektiert und geschrieben habe, war mein Umgang mit ihm kompliziert. Deshalb war ich auch sehr darauf bedacht, mein Triebleben zu verbergen.*

Alles in allem war der Mensch Freud ein deutlich anderer als der Therapeut und Wissenschaftler. Wie ein Großteil seiner Zeitgenossen gelang es ihm nicht, sich von den Hemmungen der viktorianischen Sexualmoral wirksam zu befreien. Seine Emanzipation war primär kognitiv. Sein Alltagsverhalten hinkte seiner geistigen Entwicklung hinterher.

Freud war letztlich wie viele Gefangener einer Doppelmoral, die zum Maskentragen und Fassadenbauen prädisponierte. Er tat sich übrigens auch schwer, in der Familie offen über Sexualität zu sprechen. Und so verwundert es nicht, dass der Sexologe es nicht schaffte, seinen Nachwuchs sexuell aufzuklären. Diese Erziehungsaufgabe delegierte er an den Haus- und Kinderarzt Oskar Rie.

Zeittafel

1856	Geburt am 6. Mai in Freiberg (Mähren)
1859	Umzug nach Leipzig
1860	Umzug nach Wien
1865	Eintritt ins Gymnasium
1872	Sommerferien in Freiberg, verliebt in Gisela Fluß
1873	Abitur mit Auszeichnung
1873	Beginn des Medizinstudiums an der Universität Wien
1875	Reise nach England
1876	Forschungsaufenthalte in Triest, Eintritt in Ernst Brückes Laboratorium
1878	Beginn der Freundschaft mit Josef Breuer
1880	Einjähriger Militärdienst
1881	Doktor der Medizin
1882	Verlobung mit Martha Bernays, Aspirant am Allgemeinen Krankenhaus
1883	Sekundararzt bei Theodor Meynert (Psychiatrie)
1884	Kokain-Experimente
1885	Habilitation, Privatdozent für Neuropathologie
1885/86	Studienaufenthalt bei Jean-Martin Charcot in Paris
1886	Eröffnung einer nervenärztlichen Privatpraxis, Heirat mit Martha Bernays

1887 Geburt der Tochter Mathilde, Beginn der Korrespondenz mit Wilhelm Fließ

1889 Geburt des Sohnes Martin

1891 Geburt des Sohnes Oliver, Umzug in die Berggasse 19

1892 Geburt des Sohnes Ernst, intensive Kooperation mit Josef Breuer

1893 Geburt der Tochter Sophie, *Über den psychischen Mechanismus hysterischer Phänomene*

1894 Meinungsverschiedenheiten mit Josef Breuer

1895 Geburt der Tochter Anna, *Studien über Hysterie* (noch mit Josef Breuer)

1896 Erstmalige Verwendung des Begriffes *Psychoanalyse,* Bruch mit Josef Breuer, Tod des Vaters Jakob Freud

1897 Beginn der Selbstanalyse, Entdeckung des Ödipuskomplexes

1899 Erscheinen der *Traumdeutung* (vordatiert auf 1900)

1901 *Zur Psychopathologie des Alltagslebens*

1902 Ernennung zum außerordentlichen Professor, Gründung der Psychologischen Mittwochsgesellschaft

1904 Beendigung der Freundschaft mit Wilhelm Fließ, *Zur Psychopathologie des Alltagslebens*

1905 *Drei Abhandlungen zur Sexualtheorie, Der Witz und seine Beziehung zum Unbewußten, Bruchstücke einer Hysterie-Analyse* (Fall Dora)

1906	Beginn der Korrespondenz mit Carl Gustav Jung
1907	Besuch von Carl Gustav Jung in Wien, *Der Wahn und die Träume in W. Jensens Gravida*
1908	Erster Internationaler Psychoanalytischer Kongress in Salzburg, *Jahrbuch für psychoanalytische und psychopathologische Forschungen, Die „kulturelle" Sexualmoral und die moderne Nervosität*
1909	Vortragsreise in die USA, *Analyse der Phobie eines fünfjährigen Knaben, Bemerkungen über einen Fall von Zwangsneurose*
1910	Gründung der Internationalen Psychoanalytischen Vereinigung, *Eine Kindheitserinnerung des Leonardo da Vinci*
1911	Bruch mit Alfred Adler, Beginn der Freundschaft mit Lou Andreas-Salomé
1912	Erscheinen der Zeitschrift *Imago*, Gründung des *Geheimen Komitees*
1913	Bruch mit Carl Gustav Jung, *Totem und Tabu*
1914	*Der Moses des Michelangelo*
1915	*Triebe und Triebschicksale, Die Verdrängung, Das Unbewusste, Zeitgemäßes über Krieg und Tod*
1916/17	*Vorlesungen zur Einführung in die Psychoanalyse*
1917	*Trauer und Melancholie*
1918	*Aus der Geschichte einer infantilen Neurose*

1919 Gründung des Internationalen Psychoanalytischen Verlags

1920 Tod von Tochter Sophie, *Jenseits des Lustprinzips*

1921 *Massenpsychologie und Ich-Analyse*

1922 Gründung der Wiener Psychoanalytischen Poliklinik

1923 Krebsdiagnose, *Das Ich und das Es*

1924 Bruch mit Otto Rank

1925 *Selbstdarstellung, Hemmung, Symptom und Angst*

1926 *Die Frage der Laienanalyse*

1927 *Die Zukunft einer Illusion*

1929 Max Schur Leibarzt Freuds, *Das Unbehagen in der Kultur*

1930 Goethepreis der Stadt Frankfurt, Tod der Mutter Amalie Freud

1931 Ehrung durch die Geburtsstadt Freiberg

1932 *Neue Folge zur Einführung in die Psychoanalyse*

1933 Hitlers Machtergreifung, Verbrennung der Bücher Freuds, Korrespondenz mit Albert Einstein zum Thema „*Warum Krieg?*"

1935 Ehrenmitglied der British Society of Medicine

1936 Freuds 80. Geburtstag

1937 Tod von Lou Andreas-Salomé, *Die endliche und die unendliche Analyse*

1938 Anschluss Österreichs, Hausdurchsuchung, Verhör von Anna durch die Gestapo, Entschluss zur Ausreise, Emigration nach London

1939 *Der Mann Moses und die monotheistische Religion*, Freuds Tod (23.9.1939)

Literaturverzeichnis

Appignanesi, L./Forrester, J.: Die Frauen Sigmund Freuds. München: Econ 2000.

Appignanesi, R./Zarate, O.: Freud läßt grüßen. Alles, was Sie schon immer über Neurosen, Libido, Ich, Es und Über-Ich wissen wollten. Reinbek: Rowohlt 2006.

Aresin, L./Starke, K.: Lexikon der Erotik. München: Knaur 1996.

Baur, E.G.: Freuds Wien. Eine Spurensuche. München: Beck 2008.

Behling, K.: Martha Freud. Die Frau des Genies. Mit einem Vorwort von Anton W. Freud. Berlin: Aufbau Taschenbuch Verlag 2005 (2. Aufl.).

Berkel, I.: Freud. Stuttgart: UTB 2008

Bernfeld, S./Cassirer-Bernfeld, S.: Bausteine der Freud-Biographik. Eingeleitet, herausgegeben und übersetzt von Ilse Grubrich-Simitis. Frankfurt: Suhrkamp 1988.

Berthelsen, D.: Alltag bei der Familie Freud. Die Erinnerungen der Paula Fichtl. Hamburg: Hoffmann und Campe 1987.

Brenner, C.: Grundzüge der Psychoanalyse. Frankfurt: Fischer 2001.

Brocher, T.: Psychosexuelle Grundlagen der Entwicklung. Opladen: Leske 1971.

Brumlik, M.: Sigmund Freud. Der Denker des 20. Jahrhunderts. Weinheim und Basel: Beltz 2006 (2. Aufl.).

Busch, W.: Kritik des Herzens. München: Bassermann 1914 (17. Aufl.).

Clark, W.R.: Sigmund Freud. Frankfurt: Fischer 1985.

Decker, K.: Lou Andreas-Salomé. Der bittersüße Funke Ich. Berlin: Propyläen 2010.

Dörrzapf, R.: Eros, Ehe, Hosenteufel. Eine etwas andere Sittengeschichte. München: Deutscher Taschenbuch Verlag 1998.

Etzlstorfer, H./Nömaier, P.: Freud wörtlich. Zitate und Aphorismen. Wien: Brandstätter 2011.

Etzold, S.: Jofie – die Co-Therapeutin. www.zeit-fuer-tiere.info/Downloads/200701_1213.pd.

Freud, E.L./Freud, L./Grubrich-Simitis, I. (Hrsg.): Sigmund Freud. Sein Leben in Bildern und Texten. Frankfurt: Suhrkamp 1977 (2. Aufl.).

Freud, S.: Triebe und Triebschicksale. Internationale Zeitschrift für Psychoanalyse, Band 3, Heft 2, 1915, 84–100.

Freud, S.: Die Frage der Laienanalyse. Unterredungen mit einem Unparteiischen. Leipzig, Wien und Zürich: Internationaler Psychoanalytischer Verlag 1926.

Freud, S.: Der Mann Moses und die monotheistische Religion. Amsterdam: De Lange 1939.

Freud, S.: Abriß der Psychoanalyse. Das Unbehagen in der Kultur. Frankfurt: Fischer 1970.

Freud, S.: Briefe 1873–1939. Ausgewählt und herausgegeben von Ernst und Lucie Freud. Frankfurt: Fischer 1980 (3. Aufl.).

Freud, S.: Briefe an Wilhelm Fließ 1887–1904. Herausgegeben von Jeffrey Moussaieff Masson. Frankfurt: Fischer 1986.

Freud, S.: Brautbriefe. Briefe an Martha Bernays aus den Jahren 1882–1886. Herausgegeben von Ernst L. Freud. Frankfurt: Fischer 1988.

Freud, S.: Jugendbriefe an Eduard Silberstein 1871–1881. Herausgegeben von Walter Boehlich. Frankfurt: Fischer 1989.

Freud, S.: Der Witz und seine Beziehung zum Unbewußten. Frankfurt: Fischer 1992.

Freud, S.: Bruchstück einer Hysterie-Analyse. Frankfurt: Fischer 1993 (2. Aufl.).

Freud, S.: Lou Andreas-Salomé. Nachruf. Gesammelte Werke. Band 16. Frankfurt: Fischer 1999.

Freud, S.: Jenseits des Lustprinzips. In: Ders.: Studienausgabe Bd. 3: Psychologie des Unbewußten. Frankfurt: Fischer 2000.

Freud, S.: Unser Herz zeigt nach dem Süden. Reisebriefe 1895–1923. Herausgegeben von Christfried Tögel unter Mitarbeit von Michael Molnar. Berlin: Aufbau 2002 (2. Aufl.).

Freud, S.: Die Traumdeutung. Frankfurt: Fischer 2005 (13. Aufl.).

Freud, S.: Zur Psychopathologie des Alltagslebens. Über Vergessen, Versprechen, Vergreifen, Aberglaube und Irrtum. Frankfurt: Fischer 2006a (4. Aufl.).

Freud, S.: Hemmung, Symptom und Angst. Frankfurt: Fischer 2006b (6. Aufl.).

Freud, S.: Selbstdarstellung. Schriften zur Geschichte der Psychoanalyse. Herausgegeben und eingeleitet von Ilse Grubrich-Simitis. Frankfurt: Fischer 2008 (12. Aufl.).

Freud, S.: Sexualleben. Studienausgabe Band V. Frankfurt: Fischer 2009 (9. Aufl.).

Freud, S.: Drei Abhandlungen zur Sexualtheorie. Hamburg: Nikol 2010a.

Freud, S.: Vorlesungen zur Einführung in die Psychoanalyse. Frankfurt: Fischer 2010b (2. Aufl.).

Freud, S.: Massenpsychologie und Ich-Analyse. Hamburg: Nikol 2010c.

Freud, S.: Die Zukunft einer Illusion. Saarbrücken: Classic Edition 2011.

Freud, S./Andreas-Salomé, L.: Briefwechsel. Frankfurt: Suhrkamp 1980 (2. Aufl.).

Freud, S./Bernays, M: Briefwechsel 1882–1938 (Sigmund Freud Minna Bernays). Herausgegeben von Albrecht Hirschmüller. Tübingen: Edition Diskord 2005.

Freud, S./Bernays (Freud), M.: Sei mein, wie ich mir's denke. Die Brautbriefe. Band 1. Herausgegeben von Gerhard Fichtner, Ilse Grubrich-Simitis und Albrecht Hirschmüller. Frankfurt: Fischer 2011.

Freud, S./Breuer, J.: Studien über Hysterie. Frankfurt: Fischer 1991 (6. Aufl.).

Freud, S./Freud, A.: Briefwechsel 1904–1938 (Sigmund Freud Anna Freud). Frankfurt: Fischer 2006.

Freud, S./Jung, C.G.: Briefwechsel. Herausgegeben von William Mc Guire und Wolfgang Sauerländer. Frankfurt 1984 (4. Aufl.).

Freud-Bernays, A.: Eine Wienerin in New York: Die Erinnerungen der Schwester Sigmund Freuds. Berlin: Aufbau 2006.

Gay, P.: Freud. Eine Biographie für unsere Zeit. Frankfurt: Fischer Taschenbuch Verlag 2006 (3. Aufl.).

Grinstein, A.: On Sigmund Freud's Dreams. Detroit: Wayne State University Press 1968.

Jones, E.: Sigmund Freud Leben und Werk. Band 1. Die Entwicklung zur Persönlichkeit und die großen Entdeckungen. 1856–1900. München: Deutscher Taschenbuch Verlag 1984.

Jones, E.: Sigmund Freud Leben und Werk. Band 2. Jahre der Reife. 1901–1919. München: Deutscher Taschenbuch Verlag 1984.

Jones, E.: Sigmund Freud Leben und Werk. Band 3. Die letzte Phase. 1919–1939. München: Deutscher Taschenbuch Verlag 1984.

Jung, C.G.: Erinnerungen, Träume, Gedanken. Zürich: Rascher 1962.

Keller, G.: Wenn Lust und Liebe erwachen. Von Babylon bis heute. Heidelberg und Kröning: Asanger 2001.

Kerr, J.: Eine höchst gefährliche Methode. Freud, Jung und Sabina Spielrein. Mit einem bibliographischen Essay. München: Kindler 1994.

Krüll, M.: Freud und sein Vater. Die Entstehung der Psychoanalyse und Freuds ungelöste Vaterbindung. Gießen: Psychosozial 2004.

Krutzenbichler, H.S./Essers, H.: Übertragungsliebe. Psychoanalytische Erkundungen zu einem brisanten Phänomen. Gießen: Psychosozial 2010.

Lahann, B./Mahler, U.: Als Psyche auf die Couch kam. Die rätselvolle Geschichte des Sigmund Freud. Berlin: Aufbau 2006 (2. Aufl.).

Laplanche, J./Pontalis, J.B.: Das Vokabular der Psychoanalyse. Frankfurt: Suhrkamp 1973.

Leitner, A./Petzold, H. G. (Hrsg.): Sigmund Freud heute. Der Vater der Psychoanalyse im Blick der Wissenschaft und der psychotherapeutischen Schulen. Wien: Kammerer 2009.

Leuschner, U.: Ein moderner Mythos. Kritik der Freudschen Psychoanalyse. www.udo-leuschner.de/psychologie/freud.htm (2008).

Lütkehaus, L. (Hrsg.): Freud zum Vergnügen. „Genug von meinen Schweinereien“. Stuttgart: Reclam 2006.

Maciejewski, F.: Freud in Maloja. Die Engadiner Reise mit Minna Bernays. Berlin: Osburg 2008.

Makari, G.J./Becker, A.: Revolution der Seele: Geburt der Psychoanalyse. Gießen: Psychosozial 2011.

Mannoni, O.: Freud in Selbstzeugnissen und Bilddokumenten. Reinbek bei Hamburg: Rowohlt Taschenbuch Verlag 1971.

Markus, G.: Sigmund Freud. Die Biographie. München: Langen Müller 2006 (2. Aufl.).

Masson, J.M.: Was hat man dir, du armes Kind, getan? Sigmund Freuds Unterdrückung der Verführungstheorie. Reinbek: Rowohlt 1984.

Mertens, W.: Psychoanalyse: Geschichte und Methoden. München: Beck 2008 (4. Aufl.).

Meyhöfer, A.: Eine Wissenschaft des Träumens. Sigmund Freud und seine Zeit. München: Knaus 2007.

Mitscherlich, M.: Mein lieber Freud! ZEIT Geschichte Nr. 1/2006, 25–27.

Roazen, P.: Sigmund Freud und sein Kreis. Gießen: Psychosozial 2006.

Roudinesco, E./Plon, M: Wörterbuch der Psychoanalyse. Namen, Länder, Werke, Begriffe. Wien und New York: Springer 2004.

Rutschky, K. (Hrsg.): Schwarze Pädagogik. Quellen zur Naturgeschichte der bürgerlichen Erziehung. München: Ullstein 2001 (8. Aufl.).

Salber, L.: Der dunkle Kontinent. Freud und die Frauen. Reinbek bei Hamburg: Rowohlt 2006.

Schmidbauer, W.: Der Mensch Freud. Ein seelisch verwundeter Arzt. Freiberg: Kreuz 2005.

Schneider, P.: Sigmund Freud. München: Deutscher Taschenbuch Verlag 1999.

Schraml, W. J.: Einführung in die Tiefenpsychologie für Pädagogen und Sozialpädagogen. Stuttgart: Klett 1970 (3. Aufl.).

Schuch, H. W.: Freud aus Sicht der Integrativen Therapie. Einige Bemerkungen zu Person und Werk von Sigmund Freud (1856–1939) aus Anlass seines 150. Geburtstages. In: Leitner, A./Petzold, H. G. (Hrsg.): Sigmund Freud heute. Der Vater der Psychoanalyse im Blick der Wissenschaft und der psychotherapeutischen Schulen. Wien: Kammerer 2009.

Schur, M.: Sigmund Freud. Leben und Sterben. Frankfurt: Suhrkamp 1982.

Storr, A.: Freud. Wiesbaden: Panorama 2004.

Weissweiler, E.: Die Freuds. Biographie einer Familie. Frankfurt: Fischer 2009 (2. Aufl.).

Zaretsky, E.: Freuds Jahrhundert. Die Geschichte der Psychoanalyse. München: Deutscher Taschenbuch Verlag 2009.

Bildnachweis

Freuds Drei-Instanzen-Modell,
www.bfg-bayern.de

Queen Viktoria – die Mutter eines triebfeindlichen Zeitalters, www.victorianstation.com

Freuds Mutter Amalie, Bildarchiv Preußischer Kulturbesitz

Freud mit Vater Jakob, Bildarchiv Preußischer Kulturbesitz

Freuds Schulfreund Eduard Silberstein, www.cafegradiva.ro

Freuds akademischer Lehrmeister Ernst Wilhelm von Brücke, Bildarchiv des Instituts für Geschichte der Medizin, Wien

Theodor Meynert, Freuds Chef an der Psychiatrischen Klinik des Allgemeinen Krankenhauses in Wien http://psicolinea.blogspot.com/2007/01/freudprimi-amici-e-nemici.html

Freud und Martha Bernays ein Jahr vor ihrer Hochzeit, Bildarchiv Preußischer Kulturbesitz

Freuds Schwägerin Minna Bernays, Library of Congress

Hotel Schweizerhaus in Maloja

Lou Andreas-Salomé, http://filosofia.laguia2000.com/general/lou-andreas-salome

Marie Bonaparte, www.napoleontrois.fr

Hilda Doolittle, Beinicke Rare Book and Manuscript Library, Yale University

Anmerkungen

1 Freud 1986.
2 Freud 1988, 93.
3 Zit.nach Schuch 2009, 418.
4 Ebd., 418.
5 Mitscherlich 2006, 27.
6 Freud 1970, 11.
7 Zit. nach Laplanche/Pontalis 1973, 480.
8 Freud 1970, 12.
9 Freud 1915.
10 Freud 2009, 115.
11 Ebd., 105.
12 Ebd., 105.
13 Roudinesco/Plon 2004, 625.
14 Zit. nach Laplanche/Pontalis 1973, 479.
15 Zit. nach Aresin/Starke 1996, 452.
16 Zit. nach Keller 2001, 67.
17 Ebd., 68.
18 Zit. nach Rutschky 2001, 336.
19 http://www.wilhelm-busch.de/95_Kritik_des_Herzens_25.html.
20 Zit. nach Dörrzapf 1998, 310.
21 http://jg-hannover.de/index.php/german/table/judische-feste/sonstige-festtage/.
22 Zit. nach Jones 1984, Bd 1, 21.
23 Zit. nach Salber 2006, 27.
24 Freud 2010b, 300.
25 Freud 1986, 290.
26 Krüll 2004, 168.
27 Ebd., 195.

28 Freud 1986, 288.

29 Ebd., 293.

30 Zit. nach Jones 1984, Bd. 1, 22.

31 Zit. nach Gay 2006, 17.

32 Krüll 2004, 239ff.

33 Grinstein 1968, 66f.

34 Roazen 2006, 55.

35 Krüll 2004, 188.

36 Ebd., 188.

37 Freud 2005, 554.

38 Zit. nach Jones 1984, Bd. 1, 43.

39 Freud 2010a, 91ff.

40 Markus 2006, 33f.

41 Ebd., 35.

42 Zit. nach Schneider 1999, 22.

43 Freud 1988, 76.

44 Freud 1989, 22.

45 Zit. nach Markus 2006, 42.

46 Freud 1989, 22.

47 Ebd., 24.

48 Freud 1980, 5.

49 Ebd., 6.

50 Ebd., 6.

51 Ebd., 25.

52 Ebd., 26.

53 Zit. nach Gay 2006, 35.

54 Freud 1989, 53.

55 Ebd., 100.

56 Bernfeld/Cassirer-Bernfeld 1988, 157.

57 Zit. nach Dörrzapf 1998, 250.

58 Freud 1989, 96.

59 Ebd., 151ff.

60 Ebd., 160.

[61] Ebd., 177.

[62] Ebd., 177.

[63] Freud 2008, 41.

[64] Appignanesi/Forrester 2000, 44.

[65] Freud 2010a, 12.

[66] Zit. nach Freud, E.L. et al. 1977, 90.

[67] Freud 2008, 125.

[68] Freud 1980, 162.

[69] Zit. nach Baur 2008, 148.

[70] Freud/Bernays 2011, 85.

[71] Freud/Bernays 2005.

[72] Freud/Bernays 2011, 91.

[73] Ebd., 95.

[74] Jones 1984, Bd 1, 138ff.

[75] Freud/Bernays 2011, 177.

[76] Ebd., 178.

[77] Ebd., 221.

[78] Ebd., 290.

[79] Ebd., 312.

[80] Ebd., 266.

[81] Ebd., 347.

[82] Ebd., 348f.

[83] Ebd., 350.

[84] Ebd., 351.

[85] Ebd., 352.

[86] Ebd., 412.

[87] Ebd., 436.

[88] Ebd., 439.

[89] Ebd., 480.

[90] Ebd., 488.

[91] Freud 2010a, 33.

[92] Ebd., 33.

[93] Freud 1988, 46.

[94] Zit. nach Jones 1984, Bd. 1, 109.
[95] Freud 2009, 27.
[96] Gay 2006, 52.
[97] Freud 2010a, 91.
[98] Zit. nach Lütkehaus 2006, 54.
[99] Zit. nach Jones 1984, Bd. 1, 161.
[100] Freud 1988, 103f.
[101] Freud 1980, 189.
[102] Zit. nach Salber 2006, 59.
[103] Freud 1980, 191.
[104] Ebd., 191.
[105] Freud 1988, 125.
[106] Jones 1984, Bd. 1, 248.
[107] Ebd., 175.
[108] Zit. nach Salber 2006, 65.
[109] Zit. nach Weissweiler 2009, 46.
[110] Ebd., 48.
[111] Freud 2009, 227.
[112] Appignanesi /Forrester 2000, 53f.
[113] Roazen 2006, 69.
[114] Zit. nach Freud, E.L. et al. 1977, 131.
[115] Freud/Bernays 2005, 179.
[116] Ebd., 186.
[117] Zit. nach Weissweiler 2009, 52f.
[118] Ebd., 56.
[119] Freud 1997, 151.
[120] Freud/Bernays 2005, 217f.
[121] Ebd., 230.
[122] Ebd., 230.
[123] Ebd., 235.
[124] Freud 1986, 47.
[125] Ebd., 61.
[126] Zit. nach Lütkehaus 2006, 69.

[127] Freud 1986, 134.
[128] Ebd., 158.
[129] Ebd., 155.
[130] Zit. nach Leuschner 2008, o.S.
[131] Freud 1986, 295.
[132] Ebd., 379.
[133] Ebd., 245.
[134] Ebd., 283.
[135] Ebd., 266.
[136] Roudinesco/Plon 2004, 1102.
[137] Zit. nach Etzlstorfer/Nömaier 2011, 98.
[138] Zit. nach Appignanesi/Forrester 2000, 69.
[139] Freud/Bernays 2005, 52ff.
[140] Ebd., 65ff.
[141] Ebd., 151.
[142] Salber 2006, 99.
[143] Zit. nach Maciejewski 2008, 34.
[144] Maciejewski 2008, 72.
[145] Freud 2002, 100.
[146] Ebd., 101.
[147] Ebd., 102ff.
[148] Ebd., 107.
[149] Zit. nach Maciejewski 2008, 96.
[150] Freud 2010a, 107.
[151] Zit. nach Maciejewski 2008, 100.
[152] Freud 2002, 114.
[153] Ebd., 118.
[154] Weissweiler 2009, 96.
[155] Freud 1986, 403.
[156] Freud 2002, 128.
[157] Freud 1986, 465.
[158] Freud 2002, 129.
[159] Ebd., 131.

[160] Freud 1986, 466.
[161] Freud 2006a.
[162] Freud 1986, 472ff.
[163] Ebd., 493.
[164] Freud 2002, 137.
[165] Ebd., 165.
[166] Ebd., 172.
[167] Ebd., 174.
[168] Ebd., 13.
[169] Ebd., 185.
[170] Ebd., 190.
[171] Freud 2010a.
[172] Freud 1992.
[173] Freud 2008, 92.
[174] Freud 1993.
[175] Freud 2002, 203.
[176] Ebd., 197ff.
[177] Ebd., 205.
[178] Zit. nach Jones 1984, Bd. 2, 27.
[179] Zit. nach Kerr 1994, 171.
[180] Ebd., 169.
[181] Zit. nach Gay 2006, 837.
[182] Freud 2002, 211.
[183] Ebd., 211.
[184] Ebd., 226.
[185] Freud/Jung 1984, 85.
[186] Freud 2002, 264.
[187] Ebd., 266.
[188] Ebd., 271.
[189] Freud/Jung 1984, 100.
[190] Ebd., 102.
[191] Ebd., 112.
[192] Zit. nach Appignanesi/Forrester 2000, 291.

[193] Zit. nach Gay 2006, 837.
[194] Freud/Jung 1984, 250.
[195] Zit. nach Salber 2006, 165.
[196] Zit. nach Roudinesco/Plon 2004, 30.
[197] Freud/Andreas-Salomé 1980.
[198] Zit. nach Appignanesi/Forrester 2000, 72.
[199] Freud/Bernays 2005, 279f.
[200] Ebd., 373.
[201] Zit nach Jones 1984, Bd. 2, 130.
[202] Zit. nach Markus 2006, 250.
[203] Ebd., 250.
[204] Zit. nach Gay 2006, 266.
[205] Freud 2010b.
[206] Zit. nach Jones 1984, Bd. 2, 227.
[207] Ebd., 227.
[208] Zit nach Gay 2006, 429.
[209] Freud/Freud 2006.
[210] Ebd., 217.
[211] Ebd., 217.
[212] Freud 2000.
[213] Freud/Freud 2006, 228.
[214] Zit. nach Roudinesco/Plon 2004, 391.
[215] Freud/Freud 2006, 262.
[216] Freud 2010c.
[217] Freud/Freud 2006, 277.
[218] Ebd., 334.
[219] Freud/Bernays 2005, 289.
[220] Ebd., 290.
[221] Freud/Freud 2006, 401.
[222] Zit. nach Freud, E.L. et al. 1977, 229.
[223] Freud/Freud 2006, 431f.
[224] Zit. nach Jones 1984, Bd. 3, 123.
[225] Zit. nach Meyhöfer 2007, 548.

[226] Ebd., 126.
[227] Zit. nach Gay 2006, 492.
[228] Zit. nach Salber 2006, 283.
[229] Ebd., 283.
[230] Appignanesi/Forrester 2000, 467.
[231] Ebd., 370.
[232] Schur 1982, 482.
[233] Ebd., 483.
[234] Ebd., 483.
[235] Zit. nach Berthelsen 1987, 44.
[236] Freud 2008.
[237] Freud 2006b.
[238] Freud 1926.
[239] Freud 2011.
[240] Freud 1970.
[241] Zit. nach Salber 2006, 42.
[242] Zit. nach Appignanesi/Forrester 2000, 533.
[243] Zit. nach Salber 2006, 263.
[244] Zit. nach Appignanesi/Forrester 2000, 540.
[245] Zit. nach Berthelsen 1987, 60.
[246] http://www.buecherverbrennung33.de/feuersprueche.html.
[247] Zit. nach Jones 1984, Bd. 3, 218.
[248] Ebd., 217.
[249] Zit. nach Weissweiler 2009, 339.
[250] Zit. nach Berthelsen 1987, 39.
[251] Ebd., 267.
[252] Zit. nach Jones 1984, Bd. 3, 244.
[253] Ebd., 209.
[254] Zit. nach Berthelsen 1987, 40.
[255] Zit nach Jones 1984, Bd. 3, 250.
[256] Etzold 2007, 13.
[257] Freud 1999, 270.
[258] Zit nach Jones 1984, Bd. 3, 576.

[259] Zit nach Schur 1982, 578.

[260] Ebd., 579.

[261] Zit. nach Gay 2006, 694.

[262] Zit. nach Jones 1984, Bd. 3, 272.

[263] Freud 1980, 461.

[264] Freud 1970.

[265] Zit. nach Schur 1982, 600.

[266] Ebd., 604.

[267] Freud 1939.

[268] Ebd., 612.

[269] Ebd., 620.

[270] Ebd., 621.

[271] Zit. nach Freud/Bernays 2005, 20.